그림책 읽어주는 시간

태어나서 만5세까지, 생각을 키우는 그림책 읽기

그림책 읽어주는 시간

권옥경 지음

북바이북

서문

출판전문지 〈기획회의〉로부터 유아 대상의 그림책을 활용한 독서지도에 대한 글을 청탁받았을 때 저는 심히 고민했습니다. 저는 작가가 아니라 유아독서교육에 관심을 갖고 교수방법 및 독서프로그램을 개발하는 연구자일 뿐이니까요. 또한 부족한 제가 감히, 그것도 격주로 원고를 써낼 수 있는 역량이 될 수 있을지 고민하다가 그냥 제가 제 무덤을 팠습니다. "도전해보자!"

유아교육을 전공한 저는 1996년도부터 유아독서교육에 관심을 갖고 꾸준히 연구했습니다. 유아교육기관의 선생님들에게는 '유아독서교육' 교사연수를, 부모님들께는 '자녀의 올바른 독서지도'를 주제로 부모교육을 하고, 유아들에게 책에 관심을 갖게 하는 다양한 방법을 실행해왔습니다. 이 책은 아이들에게 독서지도를 한 경험을 살려 좋은 그림책의 내용과 추천하는 이유를 담았습니다.

글을 쓰기 전에 저의 글을 읽을 독자에 대해 곰곰이 생각해보았습니다. 자녀에게 그림책을 읽어주려고 하는 부모님, 출판에 종사하는 분들, 이미 작가로 활동 중인 분들과 예비 작가 지망생, 유아교육기관의 선생님, 그림책에 대해 관심이 있거나 관심을 가지려는 분들……. 저는 그분들께 저의 시각에서 바라본 그림책, 그리고 그것을 가르치는 방법을 충실하게, 제 생각 그대로를 보여 드리고자 하였습니다. 무엇보다도 그림책을 좋아하는 분들과 함께 그림책에 대해 제가 생각하고 느낀 바를, 마음을 나누고 싶었습니다.

1장에서는 어린이에게 독서지도를 할 때, 기본적으로 갖추어야 할 마음의 준비에 대한 내용을 담았습니다. 교육은 돈으로만 해결되는 것이 결코 아니지요. 특히 독서교육은 물리적, 사회적, 심리적 환경 조성이 필요합니다. 즉, 좋은 책을 선정하는 방법을 익히고, 책 읽는 아이를 우대하는 사회적 분위기를 조성하고, 어린이의 심리를 잘 파악하여 자아존중감, 자아효능감을 키우는 것이 중요합니다.

2장에서는 아이와 함께 보며 이야기 나누기에 좋은 그림책을 소개하였습니다. 그림책에서 특히 눈여겨보면 더욱 재미있는 장면을 제시하고, 그 장면에 대하여 자세한 해석과 설명을 곁들였습니다. 독서교육을 실행할 때, 선생님 및 부모는 어린이에게 안내자이자 조력자의 역할을 해야 합니다. 단순한 지식의 전달자에서 탈피하여, 심리적 지원자이자 사고의 촉진자 역할을 하는 것이 마땅합니다. 바로 그 역할을 잘 수행하는 데 도움이 되도록 그림책의 주요 장면과 비하인드 스토리를 소개했습니다.

3장에서는 분야별 그림책의 사례를 통해 그림책이 어린이의 사고력 확장에 얼마나 큰 영향력을 미치는지 자세히 소개를 하였습니다. 다양한 장르의 그림책은 어린이의 문제해결 능력, 의사소통 능력을 향상시키며, 나아가 바람직한 식습관을 형성하고, 자연과 환경 문제, 전통 문화와 역사에 대해 관심을 갖게 하는 촉매제 역할을 합니다.

독서는 마치 작은 씨앗 하나를 심는 것과 같다는 생각을 합니다. 그 작은 씨앗이 어떤 열매를 맺게 될지 아무도 모르지요. 제가 이 책을 읽는 분들께 자신 있게 말씀드릴 수 있는 것은 책을 읽는 어린이가 이 세상을 이끌어가는 사람이 될 수 있다는 것입니다.

아이가 호기심을 갖고 세상의 많은 이야기에 관심을 갖고 귀 기울여 들으며, 궁금한 것을 찾아 책을 즐겨 읽으면 이해력이 증진됩니다. 눈과 귀를 통해 더 많은 정보를 잘 정리하여 이해하면 사고력이 높아집니다. 아이의 머릿속에 든 정보와 지식을 말과 글로 자유롭게 표현하며 창의력을 발휘하게 되는 그날까지 아이들에게 많은 것을 들려주고 보여주기를 권하고픈 마음을 이 책에 담았습니다.

이 책을 펴내기까지 물심양면 도와주신 한국출판마케팅연구소의 한기호 대표님, 장동석 주간님, 김세나 편집자와 북바이북 출판사의 오효영 편집자에게 머리 숙여 감사의 마음을 전합니다. 그리고 독후활동 사진 촬영에 적극적으로 도움을 준 사랑하는 최주호, 유아독서교육연구소의 김해리, 강우정, 김지은 연구원, 저를 응원해주신 모든 분들께 감사 인사를 드립니다.

2016년 4월
권옥경

차례

서문   5

1장 그림책 읽는 시간을 위한 준비

그림책은 혼자 읽게 하는 것이 아니라 함께 읽는 것	12
그림책, 어떻게 고를까?	16
그림책, 어떻게 읽어줄까?	19
좋은 독서 습관을 만드는 다섯 가지 방법	24
칭찬은 덩치가 큰 고래도 춤추게 한다	28
다양한 장르의 그림책을 읽어주자	31

2장 그림책 읽어줄까?

채소나라 달리기 대회에서 왜 고추가 1등일까?	44
재미있는 한글 놀이책	51
그림책이 시시하다는 아이들에게	58
꼬리에 꼬리를 무는 그림책 읽기	66
『감자 이웃』이 선물한 인성교육	74
나는 악어일까? 오리일까?	81
일기는 왜 써야 하는 걸까?	89
사랑을 나누는 마음 따뜻한 그림책	98
글자 없는 그림책의 매력	108
궁금해요! ǀ 아장아장 우리 아기, 어떤 그림책을 읽어줄까?	116

3장 그림책을 읽고 자라는 아이들

의사소통 능력이 쑥쑥	124
그림책과 함께하는 유아 성교육	131
나는 날 낳아준 엄마와 날 키워준 엄마가 있지!	139
타인과의 의사소통을 도와주는 그림책	146
언어지도에 도움이 되는 그림책	154
지구의 환경이야기	163
자연의 맛, 바른 먹거리를 권해요	171
희망을 발견하는 방법	178
세상에 있는 다양한 사람들	188
아름다운 우리 강산을 담아	196
궁금해요!	재미있는 독후활동을 할 수 있는 그림책 10권	204

부록 : 연령별 추천 그림책 100권

만 1세 추천 도서	214
만 2세 추천 도서	219
만 3세 추천 도서	224
만 4세 추천 도서	229
만 5세 추천 도서	234

1장

그림책 읽는 시간을 위한 준비

그림책은 혼자 읽게 하는 것이 아니라 함께 읽는 것

아기는 태어나면서부터 소리에 반응하고, 3~4개월부터는 책에 반응을 한다. 성장하면서 엄마가 보여주는 사물 그림책 장면에 더욱 관심을 보이고, 눈으로 주의 깊게 쳐다본다. 귀로는 소리를 듣고, 눈으로는 책을 보면서 뇌 속에 정보를 저장한다. 아직은 입으로 소리를 내지 못해도, 손이 뜻대로 움직이지 않아도, 귀로 듣고, 눈으로 보는 인풋(input, 외부로부터의 정보가 입력)이 가능한 시기이다.

   영아의 독서교육은 단지 책을 보여주는 것으로만 끝나지 않는다. 부모의 따뜻한 마음을 담아 들려주는 다정다감한 목소리까지 독서매체에 포함된다. 즐거운 마음으로 부모와 함께 커뮤니케이션을 한 영아는 독서에 대해 긍정적인 태도를 형성한다. 그림책으로 자신의 경험과 감정을 재확인하고, 현실생활에서 오는 갈등을 해소하며 자신감을 갖는다. 그림책 속에 등장하는 그림을 보며 즐거워하면서 마음속으로는 여러 가지 감정을 재확인하는 것이다.

즉 그림책을 감상하는 활동은 긍정적인 독서태도 형성과 풍부한 간접경험을 제공하며, 나아가 언어발달 및 심미적 감상력 발달에 큰 도움을 준다. 비싼 그림책, 멋진 의자와 책꽂이보다 더 중요한 것은 아이와 눈을 마주하고 미소 지으며 이야기를 들려주는 활동이다. 영아의 독서활동은 인지활동을 넘어 정서적인 면에서 효과가 아주 크다.

어린아이에게는 많은 것을 알려주려고 애쓰면서 강압적으로 책 읽기를 실행하면 절대 안 된다. 도리어 책과 멀어지는 지름길이 될 수 있다. 무엇보다 먼저 아이를 중심에 놓고, 현재 수준을 고려해서, 아이가 흥미를 갖는 주제를 담고 있는 그림책을 보여주어야 한다. 또한 부모가 즐거운 마음으로 읽어줘야 아이도 즐거운 마음으로 책을 본다. 무엇보다 아이가 피곤하지 않은 시간에 책을 보여주어야 하는데, 쉽고 상식적인 이야기 같지만 막상 아이에게 독서지도를 할 때 많이 간과하는 부분이다.

그림책은 글과 그림이 조화를 이룬 예술작품이다. 동심을 가진 어른들에 의해 만들어졌지만, 유아들의 욕구를 충족시켜주고, 생각의 폭을 넓히는 데 많은 도움을 준다. 유아는 부모가 들려주는 좋은 그림책을 통하여 다양한 상황 속의 여러 등장인물들을 만나

> **아이에게 책을 읽어줄 때 유념할 항목**
> - 책을 읽어주는 시간과 장소가 적절한가?
> - 내 아이에게 읽어주는 그림책의 수준이 적절한가?
> - 책을 읽어주는 부모인 내 자신이 이 상황을 즐기고 있는가?
> - 내 아이가 책에 집중할 수 있도록 흥미와 동기를 배려했는가?
> - 그림책을 익숙하게 읽어줄 수 있도록 먼저 살펴보았는가?

며 상상의 나래를 편다. 과거와 미래를 마음껏 여행할 수 있고, 현실에서는 만날 수 없는 새로운 친구와 만남을 갖기도 한다. 그리고 이 세상에는 나와 내 가족뿐만 아니라 다른 사람들도 함께 살아가고 있다는 것을 알게 된다.

유아기는 언어발달에 있어서 민감기인데, 이때의 언어발달은 사고발달과 밀접한 관련이 있다. 유아기동안 말로 자유롭게 표현하고 문자에 대해 이해하는 가운데 사고 능력이 급속도로 발달하므로 유아기의 언어교육에 특별히 신경을 써야 한다. 이 시기의 아이들에게는 좋은 그림책을 읽어줄 필요가 있다. 책을 읽는 습관을 길러줄 수도 있고 그림책에 담긴 의미를 이해하며 사고력, 이해력, 창의력도 증진시킬 수 있기 때문이다. 또한 어린 나이에 좋은 그림책과의 만남은 읽기에 대한 태도와 그림과 글을 읽는 문해 능력, 일생 동안 읽기에 영향을 주는 습관 등을 형성하는 데 있어 중요한 요인이 된다.

> **아이의 생각을 키워주기 위한 다섯 가지 원칙**
>
> - 내용에 대한 생각을 나눌 수 있는 충분한 시간과 기회를 제공한다.
> - 아이에게 반응을 지나치게 강요하지 않는다.
> - 아이가 자신의 생각을 말할 때, 미소 지으며 격려한다.
> - 글자만 읽는 것이 아니라, 그림도 살펴본다.
> - 다양한 장르의 그림책을 소개해주고, 나아가 아이가 스스로 책을 선택할 수 있도록 한다.

그러므로 아이에게 글과 그림이 어우러진 그림책을 자연스럽고 재미있게 읽어주기를 권한다. 아이가 그림책과 더욱 친해지고, 반복적으로 그림책을 자주 접하다 보면 자연스럽게 문장 속에서 많은 단어를 배우게 되고 어휘력도 상당히 늘어나게 된다.

그림책, 어떻게 고를까?

상상력이 풍부하면 인간은 눈에 보이지 않는 것도 볼 수 있다. 아이는 미리 풍부한 상상력을 가지고 태어나지는 않는다. 출생 후 직간접적 체험을 통해서 키워지는 것이다. 따라서 체험이 풍부하면 상상력도 풍부해진다. 그림책은 다양한 체험의 기회를 줌으로써, 유아기에 풍부한 상상력을 키울 수 있는 열쇠가 된다. 그러기 위해서는 좋은 그림책을 고르는 것이 중요하다.

좋은 그림책이란 문학적, 예술적, 교육적으로 훌륭한 작품이다.

먼저 문학적인 요소를 살펴보면, 무엇보다 독자인 유아의 수준을 고려하여 줄거리가 단순하고 명쾌하며 흥미로워야 한다. 또한 유아가 쉽게 공감하고 동일시할 수 있는 친숙한 소재를 다루어야 하며, 책 속의 주인공을 통하여 성취감과 만족감을 얻을 수 있어야 한다. 이야기 구성이 짜임새가 있고, 문장은 단순한 것이 좋다. 대화체의 문장이 들어 있어서 쉽게 장면을 이해할 수 있다면 더욱 좋다. 또 다양한 소리 흉내말, 모양 흉내말이 들어 있어서 읽을 때 우리말의 아름다움을 경험할 수 있는지 살펴본다.

좋은 그림책을 선정할 때 다음으로 살펴볼 점은 예술적 요소이다. 그림책은 그림의 비중이 아주 크므로, 글과 그림이 조화를 이루고 있는지 꼼꼼히 살펴본다. 아이들이 책의 내용을 충분히 이해할 수 있도록 그림이 간결하면서도 효과적으로 표현되어 있어야 한다. 또한 그림이 이야기의 줄거리를 보다 풍부하게 표현했는지, 그리고 그림이 세부적인 이야기의 내용까지 정확하게 표현했는지, 색채 표현이 이야기의 분위기를 잘 전달하고 있는지 고려하여 책을 선택하자. 물론 가장 중요한 것은 독자인 유아의 수준에서 이해할 수 있는 그림이어야 한다는 점이다.

그리고 성인 도서와 달리 유아 도서는 교육적인 요소를 갖추고 있어야 한다. 유아의 생각과 가치관에 긍정적인 영향을 주어야 하며, 책의 주제가 가치 있고 유아의 연령과 발달적 특성에 부합해야 한다. 유아뿐만 아니라 책을 읽어주는 성인에게도 흥미로운 내용을 담고 있는 것이 좋다. 그리고 무엇보다 독창적인 이야기를 하되, 적어도 인종, 장애, 성 역할에 대해 부정적 선입관이나 고정관념을 갖게 해서는 안 된다.

유아기는 또래와 함께 놀이를 하며, 자신을 둘러싼 세상에 대해 흥미와 관심을 갖고 탐색하여 표현하는 시기이다. 이때 자신의 느낌, 감정을 언어로 표현하는 방법을 배우는 것이 무척 중요하다. 생활하면서 지켜야 할 예절과 규칙에 대하여 이야기 나누고, 자신의 감정에 대하여 자세히 설명할 수 있는 사회적 기술을 배워야 하는 유아기에 그림책은 적절한 도움이 된다.

유아기의 책읽기 경험은 단순히 눈으로 보는 것 이상의 의미가 있다. 그림책은 다양한 이미지를 읽고 이해하는 능력을 키우는 데 많은 영향을 준다. 특히 그림과 글의 상호작용을 통해 통합적으로 이해하는 능력을 키워준다. 따라서 예술적 표현이 듬뿍 담긴 좋은 그림책과 만남이 매우 중요하다. 소중한 유아기에 그림책과의 멋진 만남을 많이 갖기를 권한다.

그림책, 어떻게 읽어줄까?

아이에게 그림책을 읽어줄 때 무엇보다 중요한 것은 아이를 사랑하는 마음과 자신감이다. 한글을 읽을 줄 아는 부모라면 누구나 아이에게 책을 읽어줄 수 있다. 혹여 동화구연에 소질이 없더라도 괜찮다.

아이에게 책을 읽어줄 때는, 사랑하는 마음을 담아 아이의 눈높이에 맞춰 그림책에 쓰여 있는 글자를 정성껏 읽어주면 된다. 큰따옴표(" ") 안에 들어 있는 문장은 말을 따온 것이니, 등장인물이 말하듯 읽는다. 작은따옴표(' ')는 생각을 표시한 것이므로 생각하는 듯한 말투에 작은 목소리로 읽어준다. 아이는 목소리를 듣는 것과 동시에 그림을 보면서 내용을 이해할 수 있다.

책을 읽어줄 때는 예쁜 목소리로 읽어주기보다는 책 속의 상황이나 인물의 성격에 맞추어 읽어주는 것이 중요하다. 편안한 목소리로 읽어주며, 읽는 도중에 큰따옴표가 나오면 등장인물의 성격이나 행동에 맞춰 읽어줌으로써 목소리만으로도 특징들을 유추할 수 있도록 배려해준다. 또한 장면의 분위기가 전환되거나 이야기가 절정에 도달했을 때는 목소리의 크기, 높낮이, 속도를 다르게 하여 분위기를 살려준다. 지나치게 과도한 구연은 도리어 금물이다. 책을 읽어주는 사람 스스로 진심으로 그 책 내용에 관심을 갖고 온 마음으로 읽어주며, 아이가 그림을 충분히 볼 수 있는 여유를 주자.

아이에게 책을 읽어줄 때는 책을 읽기 전, 책을 읽는 도중, 책을 읽고 난 후에 알맞은 지도 방법이 있다. 책을 읽기 전에는 앞표지를 탐색하거나, 제목을 읽고 어떠한 내용일지 나름 유추해보거나, 지은이, 출판사를 눈여겨 살펴보는 것이다. 궁금증을 갖고 책장을 열어 책을 볼 때에는, 아이가 이해할 수 있도록 등장인물의 성격에 맞춰 글을 읽어주며, 아이와 함께 그림도 꼼꼼히 살펴본다. 그리고 책을 읽고 난 뒤에는 책 내용과 연관된 독후 활동을 해보기를 권한다. 독후 활동을 통해 오래도록 그 내용을 기억하거나 이해하는 데 도움이 된다.

일반적인 독후 활동으로는 '독후화 그리기', '독후감 쓰기'가 있다. 그러나 유아에게는 단순히 쓰기 활동만이 아니라 오감(눈으로 보거나, 입으로 먹거나, 코로 냄새를 맡거나, 손으로 만지거나, 귀로 듣거나)을 이용한 독후 활동을 권한다. 예를 들어 '사과'가 나오는 책을 보았다면, 직접 사과를 만져보고, 사과의 향기를 맡고, 사과를 먹어서 맛을 보며 표현해본다. 씹을 때 사각거리는 소리, 새콤달콤한 과즙의 맛, 예쁜 빨간빛의 사과 관찰하기. 이러한 탐색 놀이 자체가 바로 훌륭한 독후 활동이다.

독후 활동은 매우 다양하게 이루어질 수 있다. 책의 주요 내용으로 '낙엽'이 나오면, 책의 내용을 떠올리며 떨어진 낙엽을 주워서, 낙엽을 위로 힘껏 날려 살랑살랑 춤을 추듯 떨어지는 낙엽을 몸으로 흉내내본다. 낙엽을 밟을 때 나는 부스럭부스럭 소리에 귀를 기울여보거나, 낙엽 타는 냄새를 맡으며 도란도란 이야기를 나누는 것도 가능하다.

책읽기를 통해 한글을 빨리 터득하길 원한다면 책의 제목은 언제나 똑같이 읽어주는 게 좋다. 예를 들어, 책의 제목이 『날 좀 도와 줘, 무지개 물고기!』라면, "날 좀 도와 줘, 무지개 물고기!"라고 느낌표의 그 느낌을 살려서 읽어준다. 책표지에 있는 제목을 무시하고, "무지개 물고기가 도와달라는 책이네!" 또는 "반짝반짝 빛나는 물고기네!"하며 대충 읽어주면 글자를 잘 모르는 아이는 혼란스러울 수 있다. 언제나 똑같이 책 앞표지에 적힌 제목을 "날 좀 도와 줘, 무지개 물고기!"라고 읽어주자. 그렇게 여러 번 책을 읽다 보면, 앞표지를 보는 순간 자연스럽게 "날 좀 도와 줘, 무지개 물고기!"를 떠올리며, 그 소리에 맞춰 글자에 관심을 갖게 된다.

만약 아이가 자기 이름의 글자를 안다면, "지연아! 일부러 지연이 이름이 들어간 그림책을 갖고 왔구나!"라고 말을 한다. 그러면 지연이는 어리둥절하며 책 제목을 보다가 "맞다! 무지개에 '지' 글씨가 여기 있어요."하며 즐거워할 것이다.

책 표지에 있는 지은이에 대해서 이야기를 먼저 들려주는 것도 좋은 방법이다. 예를 들어, 『헨젤과 그레텔』의 앞표지에 '그림 형제 지음'을 보고 아이가 이렇게 물을 수도 있다.

"엄마! 그림이 뭐야? 그림을 잘 그려서 그림 형제야?"

이런 경우에는 당황하지 말고, 책의 앞, 뒷표지를 잘 살펴본다. 대체로 앞표지 안쪽에 지은이에 관한 설명이 있다. 그것을 참조하여, "독일에 사는 그림 형제가 쓴 이야기란다. 형은 야곱 그림, 동생은 빌헬름 그림이거든. 그래서 그림 형제라고 하는 거야."라고 이야기를 들려준다.

아이들이 좋아하는 앤서니 브라운은 영국 작가이며, 『무지개 물고기』를 그린 마르쿠스 피스터는 스위스 작가이다. 그림책의 작가가 어느 나라 사람인지 알아보고 읽으면 배경 지식을 넓히는 데도 도움이 된다.

같은 작가의 작품을 연결 지어 보는 것도 좋은 대화의 소재가 될 수 있다. 『우리 가족입니다』는 이혜란 작가의 책인데, 『뒷집 준범이』도 같은 작가가 썼다. 이처럼 한 작가의 책을 연달아 읽으면

서로 이야기가 연결되어 더더욱 재미있다.

  캐나다의 어린이문학 연구가 페리 노들먼Perry Nodelman은 글은 좌뇌의 활동이고 그림은 우뇌의 활동이므로, 그림책을 읽는다는 것은 전뇌적인 활동임을 강조한다. 글과 그림을 꼼꼼히 살펴보며 느낌과 생각을 이야기 나누다 보면 어느새 아이의 사고력, 표현력이 쑥 자라나 있을 것이다.

좋은 독서 습관을 만드는 다섯 가지 방법

"세 살 버릇, 여든까지 간다."라는 속담이 있다. 나는 그 속담에 교육적인 의미를 강조하기 위해 '버릇'이라는 낱말 대신 '습관'을 넣어 "세 살 습관, 여든까지 간다!"로 바꾸어 표현하곤 한다. 유아기인 바로 이때, 바람직한 행동과 긍정적인 경험은 아이가 인생을 살아가는 데 아주 소중한 자산이 된다. 좋은 그림책과 함께하는 시간은 평생 독서 습관을 형성할 수 있는 좋은 기회다.

여기서는 좋은 독서 습관을 형성하는 데 도움이 되는 다섯 가지 방법을 소개하겠다. 특별한 비법은 아니다. 익히 알고 있는 일반적인 정보이기에 식상하게 여겨질 수도 있다. 하지만 교육은 오래도록 꾸준히 반복적으로 실천할 때 효과를 낸다. 좋은 습관을 형성하는 방법은 알고 있을지라도 꾸준히 실천하지 못하여 실패를 하곤 한다. 혹시 그런 경험이 있다면, 지금부터 다시 마음을 다잡고 실천해도 늦지 않다.

첫째, 아이의 읽기 수준을 고려하여, 되도록 쉬운 책을 사준다. 글자 수가 많으면 아이들은 힘들어한다. 그러나 부모는 아이의 현재 수준보다 어려운 책을 사주고 싶어 한다. 마치 옷을 살 때, 이다음에 클 것을 대비하여 품이 넉넉하고, 지금의 팔, 다리보다 기장이 긴 옷을 장만하는 것과 같다. 앞으로 성장할 것을 대비하여 지식의 양이 많은 책을 사두고 싶은 마음은 이해가 간다. 그러나 "책은 마음의 양식"이라는 말이 있듯이, 지금 아이의 수준에서 이해할 수 있고, 마음에 와 닿는 감동이 있는 책을 사주는 것이 효과적이다.

둘째, 자기 전에 꼭 책을 읽어준다. 무엇보다 매일 꾸준히! 정서적 안정에도 좋은 영향을 미치고, 책에 관심을 갖게 하는 좋은 방법이다. 많은 독서교육 전문가들이 베드타임 스토리텔링bedtime storytelling을 권하는 이유는 독서 습관 형성에 도움이 되기 때문이다. 하루의 일과를 마치고 잠자리에 드는 것은 일상에서 반복적으로 일어나는 행위이다. 만약 오후 5시를 책 읽는 시간으로 정해 놓으면 외출을 하거나, 손님을 맞이하거나, 다른 무언가를 하다가 흐름을 끊는 등 시간을 지키기 힘든 경우가 자주 생길 수 있다. 습관이 되려면 오래도록 반복적인 행위가 이루어져야 한다. 그러므로 비교적 생활이 규칙적인 유아기에 잠자기 전 독서 습관을 들여주는 게 좋다.

셋째, 아이가 서점에 가서 책을 고르는 재미를 느낄 수 있게 한다. 책을 전집으로 한꺼번에 사주기보다는 한 권 한 권 사서 모으는 재미를 갖게 해준다. 마치 부의 상징인 양 아이의 방을 전집 도서로 도배를 하듯 치장을 해놓고, 아이에게 책을 읽으라고 강요를 하면 도리어 책과 멀어지는 지름길이 된다. 아이의 키가 조금씩 조금씩 커지듯이 책꽂이의 책도 한 권 한 권씩 늘려가며 모으는 재미를 경험하기를 바란다.

넷째, 아이가 흥미를 갖는 내용이 담긴 그림책을 권한다. 글과 그림이 잘 어우러진 그림책은 아이의 상상력을 무럭무럭 자라게 한다. 이때 중요한 것은 부모가 좋아하는 책을 권하는 것이 아니라, 아이가 좋아하는 것에 관심을 먼저 가지는 것이다. 유난히 분홍색 옷, 분홍색 가방, 분홍색 핀을 좋아하는 아이라면, 분홍색 꽃잎을 가진 꽃과 관련된 그림책을 권하거나 분홍색 털을 가진 동물과 관련된 그림책을 읽어준다. 또는 분홍색으로 물든 아름다운 풍경이 그려진 그림책의 한 장면을 먼저 보여주어 흥미를 갖게 해보자. 아이는 어느새 책에 관심을 갖고 그 장면을 스스로 펼쳐볼 것이다.

다섯째, 올바르게 책 보는 모습을 보일 때 따뜻한 마음으로 격려해준다. 예를 들어, 어제까지는 엉덩이를 들썩들썩거리며 집중을 못 하던 아이가 오늘은 웬일인지 읽어주는 소리에 귀를 기울이며 그림책을 잘 본다면, 미소 지으며 아이에게 구체적 칭찬을 해준다. "오늘은 이 책을 처음부터 끝까지 아주 잘 보았구나! 엄마가 읽어줄 때 귀담아 잘 듣고, 그림도 잘 보아서 정말 기쁘구나!"하며 사랑이 듬뿍 담긴 격려의 말을 아이에게 들려줌으로써 책에 대해 더욱 긍정적인 마음을 갖게 할 수 있다.

좋은 독서 습관을 갖기까지는 긴 시간이 필요하다. 어쩌다가 한 번 해서는 그 행동을 오래 유지할 수 없다. 먼저 아이에게 관심을 갖고, 현재 수준을 고려해서 만만하게 보이는 쉬운 책부터 권하여 자신감을 갖게 하고, 잠자리 들기 전에 자연스럽게 매일 책을 읽어주자. 그러다 보면 어느새 아이가 잠자리에 들기 전에 스스로 책을 들고 와서 읽어달라며 반응을 보일 것이다.

칭찬은 덩치가 큰 고래도 춤추게 한다

아이를 위한 올바른 독서 환경은 크게 물리적, 사회적, 심리적 환경으로 나누어 살펴볼 수 있다.

첫째, 물리적 환경은 그야말로 아이를 둘러싼 물리적인 환경을 말하는 것으로써 책을 집중하여 읽을 수 있도록 소음이 없고, 적당한 조명이 설치된 공간이어야 한다. 무엇보다 읽을 만한 좋은 도서가 구비되어야 하고, 아이가 스스로 꺼내기 쉬운 위치에 놓여 있어야 한다. 그리고 앉아서 읽기에 편한 의자나 카펫을 놓는 등 세심한 배려를 필요로 한다.

둘째, 사회적 환경이란 아이 주변의 사회적 분위기를 책 읽는 것에 대해 긍정적으로 생각하도록 북돋워주는 것을 말한다. 책은 많으나 장식품에 불과할 뿐, 게임이나 TV 시청에 몰두하는 분위기에서 아이가 책 읽기를 기대하는 것은 어불성설이다. 도서관, 서점 등에서 사람들이 책 읽는 모습을 보고 자극을 받으며, 친구나 선생님도 책을 권하고, 아이의 주변 사람들이 책 읽는 것에 대해 격려해주는 사회적 분위기 조성은 물리적 환경보다 더 중요하다.

그런데 곰곰이 생각해보면, 물리적 환경, 사회적 환경보다 더 중요한 것은 바로 셋째로 손꼽는 심리적 환경이다. 아무리 좋은 책을 구비하고, 온 가족들이 아이 앞에서 책 읽는 모습을 보여도, 아이의 심리적 환경에 대해 배려가 부족하다면 큰 문제다. 아이가 심리적으로 건강하게 성장할 수 있도록 배려해주어야 비로소 진정한 독서에 관심을 갖고 입문하게 된다. 교육은 기다림이다. 아직은 어려 집중 시간이 짧고, 산만하고, 표현이 미숙할지라도 사랑이 듬뿍 담긴 눈빛으로 쳐다보며, 도란도란 이야기를 나누어보자.

좋은 책을 구비했다고, 예쁜 책꽂이에 안락한 쇼파 등 멋진 공간을 꾸몄다고 해서 독서를 잘하는 아이가 되지는 않는다. 이와 같은 논리가 맞다면 부잣집 아이는 모두 책을 잘 읽어야 하는데 그렇지 않음이 이를 증명해준다. 또한 책 읽는 사회를 조성하는 것만이 해결책은 아니다. 교사, 연구원, 학자의 자녀가 모두 책읽기를 즐겨하는 것도 아니다. 물리적 환경, 사회적 환경과 더불어 아이의 마음을 보듬어주는 심리적 환경이 그만큼 중요하다는 말이다.

칭찬은 긍정적인 효과가 무한대이다. 올바른 행동에 대해 칭찬을 받은 아이는 동기부여가 충분히 되어, 더욱 긍정적인 행동으로 나아가게 된다. 이러한 정서적 충족감과 안정감은 유아의 정서 및 지능 발달에 좋은 영향을 미친다. 또한 칭찬을 하는 그 대상과도 유대관계를 돈독하게 유지할 수 있다.

칭찬을 할 때에도 요령이 있다. 칭찬은 구체적이어야 한다. 그냥 "잘했어!", "아이 예뻐라!"가 아니다. "우리 철수가 어제는 책을 보다 말고 일어나더니, 오늘은 끝까지 책을 다 보았구나!", "오늘은 그림도 꼼꼼히 잘 살펴보는구나! 맞아, 그림책을 볼 때는 글자만 읽는 것이 아니라 그림도 꼼꼼히 봐야 재미있지! 참 잘 보네!" 등 무엇을 잘 했는지 구체적으로 말해주어야 앞으로의 행동에 그 점이 반영된다.

칭찬을 할 때 여러 사람 앞에서 칭찬을 하는 것도 효과적이다. 물론 잘한 행위에 대해 그때그때 칭찬해주는 것도 필요하지만, 특정한 날 여러 사람들이 있는 자리에서 공개적으로 칭찬해주는 것은 아이에게 확실한 자신감과 그 행위에 대해 더욱 유지하려는 동기부여가 된다.

칭찬은 덩치가 큰 고래도 춤을 추게 하는 큰 힘이 있다. 아이를 따뜻한 눈길로 바라보며, 아직은 비록 어리고 힘이 약하지만 "할 수 있지!", "잘 하고 있는걸!"이라고 격려의 말 한마디를 해주는 게 아이의 성장에 밑거름이자 큰 원동력이 됨을 잊지 말자.

다양한 장르의 그림책을 읽어주자

유아 대상의 그림책은 대부분이 문학(십진분류표에서 800번대)에 몰려 있다. 하지만 자연과학(400번대, 예쁜 꽃과 동물이 나오는 그림책), 기술과학(500번대, 여러 자동차의 모양과 쓰임을 알려주는 그림책), 예술(600번대, 아름다운 명화를 보여주는 그림책), 역사(900번, 역사적으로 위대한 인물들의 삶을 다룬 그림책) 코너에도 유아의 눈높이에 맞춘 그림책이 포진해 있다. 따라서 도서관에서 다양한 종류의 그림책을 찾아 아이가 폭넓은 그림책을 경험할 수 있도록 하자. 가정에 있는 도서도 십진 분류에 따라서 정리하면 장르 및 주제별로 부족한 도서를 알게 될 것이다.

판타지 그림책과 사실주의 그림책

창작 동화는 크게 판타지와 사실주의 그림책으로 구분할 수 있다. 판타지 그림책은 환상적인 세계를 현실과 대비시킴으로써 사실성이나 실제상을 보다 예리하게 드러나 보이게 한다. 그림책의 내용이 이성적이거나 합리적일 필요가 없기에 유아가 마음껏 상상력을 발휘하며 책을 감상하게 된다. 현실에서는 도저히 이룰 수 없는 것들을 마음껏 실행하는 주인공과 등장인물에 동일시를 느끼게 함으로써 심리적인 즐거움을 제공한다.

한편 사실주의 그림책은 유아의 생활 경험을 소재로 사실적인 기법을 주로 사용한다. 이야기가 실제로 일어날 수 있는 가능성의 범위 안에 있어 '생활 동화'라고도 한다. 사실주의 그림책은 유아나 그 주변을 둘러싼 어린이들의 생활 이야기를 다루므로, 주인공과의 동일시를 통해 감정이입이 쉽고, 어린이가 현실에서 당면하는 문제들을 해결하는 데 많은 도움을 준다. 또 사실주의 그림책 속의 이야기를 경험함으로써 이야기 문법이나 구조를 쉽게 이해할 수 있는 장점이 있다.

재미난 이야기 속으로 여행을 떠나는 전래동화 그림책

전래동화만의 특별한 매력은 시대를 초월하여 아이들의 마음을

판타지 그림책

사실주의 그림책

사로잡는다. 때와 장소를 명시하지 않고 "옛날 옛적 한 마을에…"로 시작하는 점이 처음부터 왠지 친숙한 느낌을 준다. 또한 문어체가 아닌 "~했지"와 같은 구어체로 이루어져 있어서, 글을 읽어 줄 때도 자연스럽게 리듬을 타게 되고, 아이도 지루함을 느끼지 않고 이야기에 몰입하게 된다. 그리고 착한 주인공은 어려움을 이

반쪽이
이미애 글·이억배 그림, 보림, 1997

김수한무 거북이와 두루미 삼천갑자 동방삭
소중애 글·이승현 그림, 비룡소, 2013

겨내고 복을 받으며, 나쁜 마음을 가진 주인공은 결국 벌을 받는 모습을 보면서 신나고 뿌듯한 마음을 갖게 된다.

　옛날이야기는 아이들이 자연스럽게 우리 정서를 익히고, 올바른 가치관을 가지게 하는 데 큰 도움이 된다. 또한 '쿵덕쿵,' '철퍼덕,' '꼬불꼬불' 등 의성어, 의태어가 듬뿍 담겨 있어 책에 더욱 관심을 갖게 되며 이야기를 듣는 것에 집중하고 이야기를 즐기는 원동력이 된다.

　옛날이야기를 들려주다 보면, "에이, 말도 안 돼! 그게 어떻게 그렇게 돼요?"라며 물어보는 아이들이 있다. 그런 경우에는 일일이 설명하며, 자세하게 이해를 시켜줄 필요는 없다. 질문하는 아이를 바라보고 미소를 지으며, "그러게 말이야, 어떻게 그렇게 됐을까?" 하는 정도의 반응으로 충분하다. 왜냐하면 옛이야기는 합리적이지 않고, 세세한 묘사도 없이 사건 위주로 이어지는 특성이 있기 때문이다. 옛사람들의 풍속, 습관, 생활, 사상, 신앙, 가치관, 소망, 웃음과 지혜 등이 녹아 있는 옛날이야기의 매력에 아이가 흠뻑 취할 수 있도록 많은 전래동화를 들려주자.

옛날이야기 그림책을 읽어줄 때는 같은 제목으로 다른 출판사에서 나온 책을 찾아 읽어보고 비교해보길 권한다. 예를 들어 『반쪽이』는 '보림', '시공주니어', '비룡소' 등 다양한 출판사에서 출간되었다. 주인공의 모습과 내용이 조금씩 달라 더욱 흥미를 가지며 책을 볼 수 있다.

지혜와 꿈을 키우는 인물 그림책

인물 그림책(위인전)은 과거에 살았던 실존 인물의 삶을 다룬 논픽션$_{nonfiction}$이다. 인물 그림책은 유아에게 역사적 사실과 사건을 기초로 또 다른 새로운 간접 경험의 기회를 준다. 주인공의 이야기를 자신과 견주어 생각하며 사고의 폭을 넓히게 되고, 잠재 능력을 개발하는 데 자극을 받기도 한다.

인물 그림책을 읽은 후에는 주인공이 꿈을 이루고자 노력해온 과정을 살피며, 어려운 상황에서도 끊임없이 노력한 점에 대해 이야기를 나눈다. 그리고 책의 주인공이 확실한 목표를 가지고 정진하여 반드시 꿈을 이루었다는 점에 대하여 감동하며, 그 꿈을 이루어서 다른 사람들에게 어떠한 도움을 주었는지에 대해 이야기를 나눈다면 더욱 의미 있는 시간이 될 것이다. 또한 아이가 하고 싶은 일이 무엇인지 마음껏 상상하며 성장할 수 있도록 격려해주는 시간을 가져도 좋다.

인물 그림책을 보고 난 뒤에 이야기를 나누는 독후활동은 독서토의, 토론식으로 거창하거나 어렵지 않다. 예를 들면, 에디슨에 대한 책을 읽었다면 아이와 '인터뷰 놀이'를 해보자. 에디슨 얼굴이 그려진 가면을 쓰고, 장난감 마이크를 붙들고 기자와 인터뷰하는 상황 설정을 한다. "에디슨 과학자님! 어떻게 해서 새로운 물건을 이렇게 많이 만드셨나요?"라고 묻는다면 아이가 "(에디슨 흉내를 내며) 곰곰이 생각을 하면 되지요!"라고 대답하며, 이야기를 이어나가면 그것이 최고의 독후 활동이자 아름다운 추억 만들기가 될 것이다.

아이에게 인물 그림책을 권할 때에는 주의점이 있다. 인물 그림책은 그 인물이 살았던 시대적 배경을 이해해야 하는 경우가 많은데, 자기중심적 사고를 가진 아이에게 사회에서 일어나는 일에 대해 관심을 갖게 하기란 무척 힘들다. 이때 가장 좋은 방법은 아이가 관심을 갖고 있는 것과 연결하는 것이다.

예를 들어 손기정 선수의 이야기를 담은 『우리 할아버지입니

우리 할아버지입니다
김향이 글·김재홍 그림, 삼성출판사, 2006

나무들의 어머니
지네트 윈터 글·그림, 미래아이, 2009

다』는 마라톤 중계를 하는 날에 권하면 효과적이다. 또한 그림 그리기를 즐기는 아이에게는 『그림 그리는 아이 김홍도』를 권하면 더욱 그림 그리는 마음을 키워나갈 수 있을 것이다. 특별히 나무 가꾸기, 환경보호에 관심이 있다면 『나무들의 어머니』를 권한다. 이 책은 아프리카 전역에 3천 만 그루 이상의 나무를 심고, 여성의 권익을 향상시킨 공로를 인정받아 노벨평화상을 수상한 왕가리 마타이 이야기를 담았다.

마음이 즐거워지는 동시, 동요 그림책

동시는 우리말의 아름다움을 느낄 수 있는 가장 좋은 문학 장르다. 시의 리듬감과 운율은 감각적인 즐거움을 느끼게 하며, 정서적으로 풍부한 경험을 전달한다.

동시는 아이의 감성과 상상력을 자극하며, 가장 잘 선택되고 함축된 시어를 통해 언어의 아름다운 기능을 가르쳐준다. 또한 자연과 사물, 삶에 대해 올바르고 날카로운 통찰력과 자신의 감정을 자연스럽고 정확하게 표현할 수 있는 능력을 길러준다.

이러한 동시의 장점을 살리면서 흥겹게 노래를 부를 수 있는 동요 그림책이 있다. 동요의 반복적 어휘에서 오는 언어적 재미와 리듬감은 아이들에게 더욱 큰 즐거움을 준다. 그리고 다른 장르에서는 얻을 수 없는 음악적 경험을 제공한다. 즉, 동요의 음악성과 리듬감은 아이에게 책을 보는 즐거움을 더욱 더 만끽하게 한다.

동시와 마찬가지로 동요 역시 교육적 효과가 높다. 동요는 정확한 의미를 몰라도 쉽게 암기할 수 있으며, 어휘 발달에 큰 자극제

최승호·방시혁의 말놀이 동요집
최승호 방시혁 글·윤정주 그림, 비룡소, 2011

잘잘잘 1 2 3
이억배 글·그림, 사계절, 2006

가 된다. 또한 다양한 소재를 가진 동요는 생활 체험의 범위가 좁은 유아들에게 경험의 폭을 넓게 해주는 매력이 있다. 또한 동요는 놀이를 하면서 부르는 노래가 많아 함께 노래를 부르는 경험을 통해 사회성을 발달시키는 데 도움을 준다.

  아이와 함께 동시, 동요 그림책을 감상하며, 신나게 몇 번 읽어주다 보면 글의 운율이 살아나면서 자연스럽게 노래가 되어 따라 부르기에도 아주 좋다. 어느 정도 노래에 익숙해지면, 다른 상황과 다른 낱말을 적용하며 말놀이를 즐기는 것도 좋은 방법이다. 즐거운 놀이를 하듯 말놀이를 주고받으면서 한 단계 높은 수준의 어휘로 점차 확장해갈 수 있다.

세상에 대해 관심을 갖게 하는 지식·정보 그림책

어린 독자들에게 지식과 정보를 전달하기 위해 그림책의 형식을 빌린 책들을 지식·정보 그림책이라고 한다. 보통 한 가지 주제를 그림으로 나타내고, 그 주제가 제목에 의해 명확히 나타나며, 특정 물체나 대상에 관한 특성을 분류하고 일반화하는 데 초점을 둔 책들이다. 지식·정보 그림책은 증명될 수 있는 사실들에 근거하여 지식을 전달하는 논픽션의 하위 장르 중 하나이며, 사실과 정보를 정확하게 알리는 역할을 한다. 숫자, 색깔, 한글, 동식물의 생태, 주제별 과학 그림책 등 지식·정보 그림책은 범위는 무척 넓고

토마토의 비밀
야마구치 스스무 지음, 한림출판사, 2009

요렇게 해봐요
김시영 글·그림, 마루벌, 2011

다양하다.

　지식·정보 그림책에 관심을 갖게 하는 가장 효과적인 방법은 아이의 경험과 관련이 있는 책부터 보는 것이다. 예를 들어, 토마토를 즐겨 먹는 아이라면. 아이와 함께 토마토와 관련된 지식, 정보 그림책을 보며 도란도란 이야기를 나눈다. 이런 책들로는 『토마토의 비밀』, 『우리 집 베란다에 방울토마토가 자라요』(박희란 글·신명근 그림, 살림어린이, 2010) 등이 있다. 지식·정보 그림책이라고 해서 오롯이 딱딱한 정보만 그득하지는 않다. 예를 들어 『토마토의 비밀』은 토마토를 의인화하여 토마토가 이야기를 들려주는 것처럼 되어 있어서 아이들이 흥미를 느끼기에 충분하다.

　또한 한글에 관심을 갖게 하는 '가나다', 'ㄱㄴㄷ' 류의 그림책들이 많이 출간되어 있다. 이러한 책을 고를 때에는 단지 문자를 습득하는 데 목적을 둔 것이 아니라, 해당 낱말과 관련된 의태어, 의성어 등을 글, 그림과 함께 재미있게 전달하는가에 중점을 두어 살펴보는 게 좋다. 한글의 자음과 모음의 조합의 원리를 터득하고 글자를 읽는다 해도 의미가 무엇인지 모른다면 진정한 독서라고 볼 수 없기 때문이다.

2장

그림책 읽어줄까?

채소나라 달리기 대회에서 왜 고추가 1등일까?

된장찌개와 배추김치, 시금치나물보다 계란, 불고기, 갈비찜, 장조림 등 육류 반찬에만 관심 있는 아이를 둔 엄마의 가장 큰 숙제는 아이에게 채소 반찬을 먹이는 일이다. 과일과 채소를 많이 섭취하는 것이 알레르기 질환 예방에 도움이 되며, 유아기 때 편식하는 식습관은 어른이 되어서도 고치기가 어렵다는 점은 누구나 알고 있는 상식이다. 그러기에 사랑하는 아이가 튼튼하고 건강하게 잘 자라기를 바라는 마음으로 채소 반찬을 권하지만 선뜻 먹으려하지 않아 애를 태우는 경우가 종종 있다. 이러한 아이에게는 특별히 『채소가 최고야』를 권한다.

된장찌개를 끓여서 식탁에 놓고 "너는 숟가락질을 할 수 있으니, 혼자 먹어라."고 말하며 부모는 방으로 휙 들어가버린다고 가정해보자. 아이가 혼자 밥을 먹으며 된장찌개의 진정한 맛을 제대로 느끼며 먹을 거라 기대하기는 어렵다. 식탁에 함께 둘러앉아 도란도란 이야기를 나누며 정성껏 끓인 된장찌개를 보고 "냄새가 아주 구수한걸!" "된장이 우리 몸에 그렇게 좋다며?" 등 긍정의 말이 오가는 분위기에서 아이에게 된장찌개를 먹는 모습을 여러 번 보여야 올바른 식습관을 형성할 수 있다.

유아의 독서지도 역시 마찬가지다. 적절한 환경 조성과 올바른 모델, 관심과 격려, 매일 꾸준히 지속적으로 지도를 하다 보면 어느새 책을 좋아하는 아이가 된다. 유아기 독서교육의 시작은 들려주는 것부터이다. 동화 구연 자격증이 없다고 주저할 일이 아니다. 아이에게 책을 읽어줄 때에는 기교가 필요한 게 아니라, 따뜻한 마음으로 이야기의 분위기에 맞춰 등장인물에 성격에 따라 목소리의 높낮이, 속도를 달리하여 읽어주려는 마음이 먼저다.

글과 그림이 잘 어우러진 그림책 속으로

채소나라의 채소들이 모두 모여 달리기 대회를 한다. 호박, 옥수수, 파슬리, 누에콩, 호박, 마늘, 당근, 피망 등이 출발 신호를 기다리고 있다. 드디어 출발! 열심히 뛰어가는 채소들의 모습이 담긴 그림을 보니 저절로 미소가 나온다. 한 장, 한 장, 책장을 넘기며 궁금함을 참을 수 없다. 이 많은 채소들 중 누가 과연 일등을 할까. 마늘, 파슬리, 토마토는 이미 일등에서 멀어지고, 단호박은 강물에 빠져서 탈락한다. 결승선이 다가올수록 배추, 고추, 옥수수가 선전을 하고 있다. 배추가 앞서 달리는 모습의 그림을 보며 독자로 하여금 배추를 일등이라 예상하게 조성하고, 혹시 반전의 묘미로 선두인 배추를 제치고 키가 큰 옥수수가 일등을 하지 않을까 궁금증을 자아낸다.

이 작품을 살펴보면, 작가인 이시즈 치히로는 유아의 발달과 정서, 심리를 잘 알고 그린 듯하다. 올바른 식습관 형성이 주요 과업인 유아들에게 아주 알맞은 주제의 그림책이다. 또한 과일 모습을 유아의 친한 친구처럼 자연스럽게 의인화한 것이 돋보인다. 동그란 눈과 팔, 다리를 가진 생명력 있는 채소 친구들의 모습은 그 자체로도 무척 귀엽다. 그림의 색감, 면배치, 구도가 잘 어우러져 있고, 정지 상태의 그림임에도 시간의 흐름을 느낄 수 있고 여러 등장인물과 상호작용이 자연스럽게 이루어진다.

이 책에 대해 더욱 호평하고 싶은 것은 "나란히 나란히 누에콩, 파릇파릇 파슬리, 실룩샐룩 샐러리" 등의 표현이다. 번역서임에도

「채소가 최고야」
이시즈 치히로 글·야마무라 코지 그림, 천개의바람, 2011

불구하고 한글의 운을 맞추려 애쓴 흔적이 있다. '최고야'라는 단어가 들어간 제목도 아주 훌륭하다. 긍정의 언어로 표현된 제목은 유아들의 정서 및 언어 발달에 바람직하기 때문이다. 이처럼 문학성, 예술성, 교육성을 두루 갖춘 『채소가 최고야』는 좋은 그림책으로 선정하기에 부족함이 없다.

호기심은 유능한 독자의 제1 필요조건

작은 고추가 일등한 장면을 보며, 독자로서 조금 실망스러웠다. 글과 그림의 매력에 푹 빠져서 독서의 재미가 빵빵한 풍선처럼 부풀어 올랐다가, 푸우우 바람이 빠지는 듯한 느낌이었다. '작은 고추가 맵다'라는 속담이 있듯이, 고정관념을 가지고 고추를 일등으로 표현한 점이 옥에 티라는 생각이 들었기 때문이다.

유아를 대상으로 그림책을 펴내는 작가로서 상상력의 부재가 아쉽다고 생각하는 순간, 앞표지에서 보았던 작가 이름이 언뜻 떠올랐다. 이시즈 치히로는 분명히 일본 작가인데, 우리나라 사람도 아닌 일본 사람이 어떻게 '작은 고추가 맵다'라는 속담을 알고 있는 것일까. 그 속담 때문이 아니라면 많은 채소들 중 왜 하필 고추를 일등시켰을까.

이런저런 호기심에 궁금함을 못 참고, 출판사 편집부에 전화를 걸었다. 벨이 울리자 누군가가 받았고, 나는 조심스러운 목소리로

『채소가 최고야』

이렇게 물어보았다. "독자로서 궁금한 것이 있어서 전화 드렸습니다. 『채소가 최고야』를 참 재미있게 보았어요. 우리나라 책이었다면 '작은 고추가 맵다'라는 속담이 있듯이 고추가 일등한 게 어쩌면 당연지사일수도 있지요. 그런데 이 책은 일본 작가가 쓴 거잖아요. 일본 사람이 왜 고추를 일등시켰을까요? 혹시 아시는 바가 있다면 자세히 말씀 좀 부탁드립니다." 질문하면서도 이런 질문을 하는 내 자신을 생각하니, 웃음이 나왔다. '이게 무슨 질문거리라고 출판사 편집부에 전화까지 한단 말인가.' 출판사에서 나를 참으로 이상한 사람이라고 여길 거라고 생각하니 후회와 함께 창피한 마음이 들었다.

그런데 출판사의 반응이 내 예상과는 사뭇 달랐다. 웃음소리와 함께 너무나 밝은 목소리로 "네, 저도 그 점이 이상하더라고요. 같은 생각을 갖고 있어서 정말 반가워요."라며 뜻밖에도 아주 친절하고 반갑게 응대를 해주었다. 주저했던 나는 너무나 신이 났다. "글쎄 말이에요. 우리나라 작가가 아니라 일본 작가라서 의외였답니다. 혹시 더 아시는 바가 있나요?" 전화를 받은 출판사의 그 분도 그 질문을 기다렸다는 듯이 술술 말씀하셨다.

"일본 작가 이시즈 치히로의 작품을 보면서, 저도 끝이 어떻게 마무리되는지 궁금했지요. 그런데 고추가 이겼기에 딱 우리 정서에 맞음이 신기했고, 판권을 사서 계약을 하기 전에 작가에게 인터뷰를 요청했어요. 우리나라의 '작은 고추가 맵다'라는 속담을 알고 있었는지 물어보았지요. 나이가 제법 있으신 이시즈 치히로 작가는 한국에 그런 속담이 있는 줄은 몰랐고, 고추는 맛이 맵고 강하니까 1등, 옥수수는 알알이 꽉 찬, 알찬 느낌이어서 2등, 배추는 허우대는 멀쩡한데 우쭐대며 치장하기를 좋아하는 이미지여서 3등으로 표현했다고 말씀하시더라고요."

1인 출판사의 발전을 응원합니다

아주 명쾌하고 친절하게 설명해준 것이 고마워 부서 직책과 성함이 어떻게 되는지 물어보았다. "직함이요?(웃음) 1인 출판사라서 제가 출판사 대표이자, 편집부 직원이에요"라고 말씀하셨다. 독자로서 출판사의 규모를 가늠하기는 어렵긴 했어도 혼자라니 의외였다. 목소리의 주인공인 출판사 대표가 더욱 대단해 보였다. 책을 선택하고 기획하고 편집하여 책을 만들어내기까지의 고충을 혼자 고스란히 짊어지고 펴낸 것이다.

  나는 유아독서교육에 몸담고 있는 사람이라 출판 과정에 대해서는 잘 모른다. 그러나 상식적으로 유추해보건대, 자본이 많은 대형 출판사가 외국 도서 정보를 빠르고 쉽게 얻고, 비싼 비용을 지불하고 판권을 제일 먼저 확보할 것이다. 앤서니 브라운, 마르쿠스 피스터 등 유명 작가의 작품, 칼데콧 상 등 외국의 저명한 수상작 등은 이미 대형 출판사의 몫으로 선점되었을 것이다. 1인 출판사는 대형 출판사에서 휩쓸고 지나간 뒤 남는 도서들 중 옥석을 가려 출판할 것이다. 그러한 어려움에도 불구하고 독자가 불쑥 전화해서 고추가 왜 일등이냐는 엉뚱한 질문에 성심껏 답변해준 출판사 대표의 열정과 성의에 큰 박수를 보내며, 우리나라의 1인 출판사들이 역경을 딛고 날로 발전하기를 독자로서 힘껏 응원한다.

재미있는 한글 놀이책

"우리 아이가 한글을 빨리 익혔으면 좋겠는데, 어떤 책을 보여주면 좋을까요?" 이런 질문을 받으면 독서 교육 연구자로서는 무척 곤혹스럽다. 나는 유아기 독서교육은 책에 관심을 갖게 하는 게 먼저라고 강조하고 다니지만, 아이를 둔 부모의 입장에서 한글을 빨리 터득하여 책을 스스로 보기를 바라는 조급한 마음이 앞서는 것도 이해는 된다. 꼭 한글 학습을 위해서가 아니라도, 만 5세의 취학 전 아이와 함께 한글 놀이를 할 수 있는 책으로 주저하지 않고 권하는 책은 'ㄱㄴㄷ' 류의 책이다.

'ㄱㄴㄷ' 류의 책은 이미 2015년 1학년 1학기 국어교과서에 수록되어 있다. 『기차 ㄱㄴㄷ』(박은영 글·그림, 비룡소, 1997)은 작품 전

『좋은 아이 ㄱㄴㄷ』
신구비 글·이경원 그림, 언어세상, 2001

체가 실려 있다. 또한 그림이 돋보이는 『생각하는 ㄱㄴㄷ』(이지원 글·이보나 흐미엘레프스카 그림, 비룡소, 2015)과 『개구쟁이 ㄱㄴㄷ』(이억배 글·그림, 사계절출판사, 2005)도 수록되어 있다. 그리고 요가동작으로 우리 한글을 표현하는 『요렇게 해봐요』(김시영 글·그림, 마루벌, 2011)도 교과서에 있는 작품으로 모두 수작임이 틀림없다. 그러나 나는 현재까지 출간된 'ㄱㄴㄷ' 류의 도서 중에서 『좋은 아이 ㄱㄴㄷ』을 최고 중 최고로 손꼽는다. 그러나 아쉽게도 그 책은 현재 절판인 상황이다. 그래서 나는 독자로서 『좋은 아이 ㄱㄴㄷ』가 다시 출간되기를 소망한다. 그 이유는 다음과 같다.

매력적인 제목

이 책의 제목은 왜 『좋은 아이 ㄱㄴㄷ』일까? 'ㄱ'의 대표 동물은 기린이다. 왜냐하면 인사를 잘하기 때문이다. 그렇다면 'ㄴ'의 대표는 누굴까 저절로 궁금해진다. 책장을 펼치기 전까지는 예쁜 나비도 떠오르고, 뚜벅뚜벅 잘 걷는 낙타도 생각난다. 그런데 뜻밖에도 울지 않는 너구리란다. 'ㄷ'의 대표는 다람쥐가 나올 법한데 편식하지 않는 돼지란다. 이처럼 한글 자음에 해당하는 동물들의 장점을 보여주는 이 책의 제목이 『좋은 아이 ㄱㄴㄷ』인 것에 대하여 확실히 공감할 수 있다.

읽어주기에 적합한 구어체

처음부터 끝까지 쭉 살펴보면, 『좋은 아이 ㄱㄴㄷ』의 글에는 군더더기가 없다. 그리고 구어체라서 어린 독자에게 읽어주기에 아주 좋다.

'ㄱ' 기린은 어른을 만나면 "안녕하세요?" 반갑게 인사를 해.
'ㄴ' 너구리는 혼자 있어도 "앙앙앙!" 울지 않아.
'ㄷ' 돼지는 "꿀꿀, 꿀꿀!" 즐거운 마음으로 음식을 맛있게 먹어.
'ㄹ' 라마는 안전한 길로 다니고 비나 눈이 오면 맞지 않고 피해.
'ㅁ' 말은 나들이 갈 때 길을 잘 봐 두었다가 집을 꼭 찾아와.
'ㅂ' 부엉이는 허리와 가슴을 펴고 예쁘게 앉아서 "부엉! 부엉!" 씩씩하고 아름답게 노래해.
'ㅅ' 사자는 동물의 왕이라 힘이 세지만 몸이 약한 친구를 괴롭히지 않아.
'ㅇ' 여우는 "따르릉! 따르릉!" 전화벨이 울리면 얼른 수화기를 들고 또렷한 목소리로 말해.

『좋은 아이 ㄱㄴㄷ』

'ㅈ' 쥐는 "찍찍찍! 찍찍찍!" 땅에 떨어진 음식을 깨끗이 청소해.

'ㅊ' 참새는 저녁 일찍 자고 일찍 일어나서 "짹짹! 짹짹!" 하루가 즐거워.

'ㅋ' 코끼리는 코가 못생기고 길어도 "랄랄라! 랄랄라!" 귀염 받고 사랑 받아.

'ㅌ' 토끼는 밖에 나갔다가 집에 돌아오면 손을 깨끗이 씻고 양치질을 해서 늘 깨끗해.

'ㅍ' 펭귄은 혼자서도 "내 옷 예뻐"하며 옷을 입고 "내 신발 예뻐"하고 신발을 신어.

'ㅎ' 하마는 잠자기 전에 조용히 책을 읽어.

뛰어난 교육성

유아에게 책을 권할 때는 크게 '문학성', '예술성', '교육성' 세 가지 면을 살펴본다. 성인에게 책을 추천할 때는 교육성을 고려하지 않아도 되지만, 유아가 독자인 책에서는 빼놓을 수 없는 게 바로 교육성이다. 교육성을 논한다고 해서, 문학이 교육의 도구로 사용되는 것에 대하여 동조하는 건 아니다. 다만 유아가 독자인 그림책에서는 유아 발달을 고려한 교육적인 요소가 적절하게 들어가 있어야 하는데,『좋은 아이 ㄱㄴㄷ』은 그 점에 있어서 정말 뛰어나다. 인사 잘하고, 편식하지 않고, 일찍 자고 일찍 일어나고, 양치질 잘하고, 잠자기 전에 책을 읽는 등 열네 동물 친구들을 통해 자연스럽게 '좋은 아이'의 모습을 보고 배울 수 있다.

교사가 선호하는 빅북

『좋은 아이 ㄱㄴㄷ』은 가로 25cm, 세로 33cm의 빅북 big book 형태로, 'ㄱ, ㄴ, ㄷ, ㄹ' 등 초성의 큰 글씨와 주인공의 모습이 돋보이도록 적절하게 묘사하였다. 이 책의 매력은 무엇보다 선생님들에게서 많은 호응을 받을 수 있는 도서라는 점이다. 특히 유아를 대상으로 수업하는 유치원, 어린이집에서 빅북은 대환영이다. 그림책을 보여주며 소리 내어 읽어줄 때 빅북을 활용하면, 유아들이 더욱 집중하며 잘 감상한다. 『좋은 아이 ㄱㄴㄷ』은 내용도 충실하고, 크기 측면에서도 아주 흡족하다.

상상의 나래를 펼치기에 안성맞춤

『좋은 아이 ㄱㄴㄷ』은 '기린, 너구리, 돼지, 라마'까지 보다 보면 아이들은 자연스럽게 규칙을 알게 된다. 다음에는 'ㅁ'이 들어가는 동물 친구가 나오겠구나 생각하게 되며, "마마마마" 하다가 "말"이라고 외치게 된다. 그리고 다음 장에서 말 그림을 확인하는 순간 환호성을 지르며 기뻐한다. 다음 'ㅂ'은 "바바바바" 하다가 "바퀴벌레"라고 외치고는 웃는다. 어린 친구들도 그쯤은 안다. 바퀴벌레가 'ㅂ'의 대표일 수 없다는 것쯤은. "병아리"라고 말하는 유아는 의기양양이다. 자신이 맞추었을 거라는 기대감에 뒷장을 넘겨 확인하는 순간 부엉이를 보고는 아쉬워한다. 'ㅅ'은 '사자'와 '사슴'으로 나뉘어 의견이 분분해진다. 과연 무엇일까 궁금해 하며 뒷장을 넘겨서 확인한다. 맞춘 어린이는 환호성을 지르고, 틀린 어린이는 또 다음 동물을 맞추길 기대하는 눈치다.

『좋은 아이 ㄱㄴㄷ』이 다시 부활하길

이 책이 다시 출간되었으면 하는 마음에서 출판사 편집부에 문의

한 적이 있다. 하지만 안타깝게도 『좋은 아이 ㄱㄴㄷ』의 재출간 계획은 없다고 했다. 나는 독자로서 소망한다. 수작인 『좋은 아이 ㄱㄴㄷ』이 다시 세상 밖으로 나오기를. 만약 이 도서가 출간된다면 유아독서교육연구소에서는 이 도서를 권장도서로 선정하여 홈페이지에 올리고, 교사연수 및 부모교육 시 유아에게 적합한 도서로 적극 소개할 것이다. 『좋은 아이 ㄱㄴㄷ』을 활용한 독서의 전, 중, 후 교수 방법도 아주 재미있고 다양하게 제시할 수 있다.

독자들에게 오랫동안 사랑받는 스테디셀러에는 마음에 와 닿는 교훈성, 간결하고 리듬감 있는 언어의 힘이 응집되어 있다. 또한 계절과 무관하며 시대를 초월하는 감정적인 공감을 내포하고 있다. 매년 각 출판사에서 새로운 캐릭터를 내세워 'ㄱ, ㄴ, ㄷ'류의 책을 출간하지만 『좋은 아이 ㄱㄴㄷ』은 재출간하여도 손색이 없는 도서라고 분명히 힘주어 말할 수 있다.

그림책이
시시하다는 아이들에게

"우리 아이가 그림책을 시시하게 생각하는데, 좀 재미난 것 없을까요?" 5살, 7살 아이에게 책을 사주고 싶은데, 뭘 사줘야 할지 막막하다며 한 부모가 조언을 구해왔다. 그래서 그동안 아이에게 어떤 책을 사주었는지, 아이들이 어떤 종류의 책을 좋아하는지 등을 물어보았다. 그녀는 지인의 소개로 한 출판사의 전집 다섯 세트를 한꺼번에 구입해주었다고 했다. 그래서 아이들 방 책장에는 책들이 빼꼭히 꽂혀 있지만, 도무지 책을 안 봐서 고민이었던 것이다.

가급적이면 전집보다는 여러 출판사에서 출간되는 다양한 도서들을 한 권 한 권 사서 읽어주기를 권한다. 책을 왕창 사주고 혼자 읽게 하는 게 아니라, 책을 읽어주며 마음을 나누는 게 중요하기 때문이다. 가족과 함께 같이 책을 보며 '아름다운 추억 만들기'를 하는 것이다. 간혹 흥미가 없는 그림책을 보다가 아예 책과 멀어지는 경우도 적지 않다. 이럴 때 나는 주저하지 않고 전형적인 그림책에서 조금은 변형된 책을 권한다. 짧은 시간에 어린 독자의 흥미를 유도하기에 적합하기 때문이다.

실물 크기를 보여주는 사진 플랩북 『큰 동물 작은 동물』

『큰 동물 작은 동물』
발레리 르비스쿨 엮음, 비룡소, 2010

"우와!" "아빠! 도대체 코끼리 키가 얼마나 돼?" "코끼리 코가 1미터 40센티이구나. 4살 된 코끼리가 아빠만 한걸!" "그럼 어른 코끼리는 엄마보다 훨씬 더 크겠다!" 부모님과 함께 책을 보며 이야기를 나눌 수 있는 그림책 『큰 동물 작은 동물』이다. 동물 사진을 실물 사이즈로 보여주는 게 이 책의 특징이다. 작은 동물은 작은 크기 그 모습대로 담고 있으며, 큰 동물은 신체의 일부를 담고 있어서 독자로 하여금 책에 실리지 않은 나머지 몸을 연상하게 한다.

이 책의 제일 큰 매력은 단연 코끼리다. 책 뒤표지에 사진과 함께 코끼리 코의 길이가 '140센티'라는 정보를 알려주고 있어서 아이의 수학적 사고를 키워준다. 또한 이 책에서 눈길을 사로잡는 것은 기린이다. 기린의 자랑거리인 목을 강조하지 않고, 뜻밖에도 기린의 혀를 돋보이게 했다. 기린의 혀를 보는 순간 많은 생각을 떠올리게 된다. '기린의 혀는 왜 가늘고 긴가?' '동물원에서 기린의 혀를 관찰해본 적이 있는가?'

한번은 동물원에 갈 때 꼭 이 책을 가져가서 실물과 함께 비교하며 보기를 권한 적이 있는데, 이를 실천한 부모들이 아이가 두 눈을 커다랗게 뜨고 탄성을 지르며 그림책을 꼼꼼하게 찾아봐서 희열을 느꼈다는 말을 전해왔다. 이 맛에 어린 독자들을 배려한 또 다른 좋은 책은 무엇이 있는지, 보물찾기를 하듯 열심히 그림책을 찾게 되나 보다.

유아교육기관의 교사들에게도 이 책을 소개하며 다양한 활동을 안내했다. 강당이나 운동장에서 이 그림책을 펼쳐 놓고, 그림책에 표현되지 않은 부분을 이어서 그려 동물 그림을 완성할 수도 있다. 그렇게 아이들과 활동한 사진을 찍어 유아독서교육연구소 홈페이지에 올린 이도 있었다.

일단 이 책은 욕심을 버려서

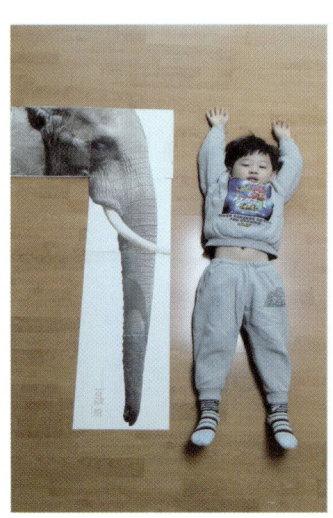

『큰 동물 작은 동물』을 펼친 모습

좋다. 넘치도록 많은 동물 정보를 담은 글이 지면을 차지했다면, 지금의 매력이 사라졌을 것이다. 최소한의 글자만 크게 배치하고, 실제 사진으로 충분한 효과를 낸 점에 대해 극찬하고 싶다.

3D 증강현실 체험책 『공룡은 살아있다』

『공룡은 살아있다』
미국 자연사 박물관 엮음, 아이위즈, 2013

"어머! 이것 좀 봐!" "진짜 공룡이 나타났어!" 그림책이 시시하다고 생각하는 어린이에게 『공룡은 살아있다』를 보여주면 놀라 입을 딱 벌린다. 이 책은 '스마트 콘텐츠 체험도서'인데, 도서를 구입한 뒤에 구글플레이나 애플 앱스토어에서 책 제목을 검색해서 무료 앱을 다운받으면 증강현실 체험을 할 수 있다. 책에 있는 체험 상자가 스마트폰 화면에 들어오도록 비추면 공룡이 입체로 보이며 지시하는 방향대로 움직인다. 살아 움직이는 공룡이 무시무시한 울음소리를 내기 때문에 아이들은 책에서 눈을 떼지 못한다.

이 책을 소개하려니 영화 〈해리 포터〉에 나오는 한 장면이 떠오른다. 신문을 펼칠 때 신문 속 사진이 TV 화면처럼 생동감 있게 움직이는 것을 본 기억이 난다. 이 책은 증강현실 체험을 한 번도

하지 않은 유아에게 책에 대한 흥미를 유도하기에 좋다. 심지어 어른들이 더 신기해하기도 한다. 일단 직접 체험을 해보면 누구나 빠져드는 매력적인 책이다.

씽씽 자동차가 달려요 『쿵쿵 일하는 차』

『쿵쿵 일하는 차』
앤드루 크로우슨 글·그림, 시공주니어, 2008

『쿵쿵 일하는 차』는 굴착기, 덤프트럭 등을 모형으로 만들어 직접 조작해볼 수 있도록 한 책이다. 책장을 펼쳐서 보드판으로 만들어진 차 모양에 파란색은 파란색끼리, 빨간색은 빨간색끼리 4개의 바퀴를 맞추어 끼우면 굴러다니는 자동차를 만들 수 있다.

책을 구입하는 부모들 입장에서는 한 권의 책 속에 굴착기, 덤

프트럭, 레미콘 세 종류만 있어 아쉽고, 보드북이어도 종이 소재이기 때문에 훼손이 심하다는 점을 지적한다. 그러나 교육적인 면에서 보면 유아들의 수준을 고려하여 글의 양을 적게 한 점이 장점으로 돋보인다.

전문가로서 유아기 자녀를 둔 부모들에게 자신있게 이 책을 권하며 말할 수 있다. "여러분의 자녀가 정말로 좋아하는 책은 바로 이런 것이랍니다. 글의 내용이 풍부한 것보다 호기심을 유발하고, 손으로 직접 만지고 싶어지는 책이 유아에게는 최고의 양서이지요. 책을 보고 난 뒤에, 자신 있게 다 보았다고 말할 수 있는 책이 좋은 책입니다. 보긴 보았으나 보았다고 하기에는 아직 덜 본 것 같은, 두꺼운 분량의 그림책은 유아에게 적합하지 않습니다." 그림책이 꼭 변형을 필요로 하는 것은 아니지만, 유아의 인지, 언어 발달적 측면을 고려하여 알맞게 제작된 책이 최고의 책이다.

4미터 그림책 '수잔네의 사계절' 시리즈

『수잔네의 봄』
로트라우트 수잔네 베르너 글·그림,
보림큐비, 2007

'수잔네의 사계절' 시리즈는 『수잔네의 봄』, 『수잔네의 여름』, 『수잔네의 가을』, 『수잔네의 겨울』까지 사계절을 담은 네 권으로 이루어진 책이다. 특이하게도 책의 모든 장이 이어져 있어 다 펼치면 길이가 4미터에 달한다. 이 책은 수많은 등장인물이 나오지만, 글이 없어 볼 때마다 이야기를 여러 가지로 만들어낼 수 있다. 온 가족이 모여 등장인물을 찾으면서 이야기를 만들면, 사고력과 표현력을 향상시키며 재미있게 책을 볼 수 있다.

'수잔네의 사계절' 시리즈를 100% 즐기는 방법은 뒤표지에 있는 등장인물의 이름을 먼저 살펴보는 것이다. 그 인물의 모습을 기억하고 앞표지를 보면 등장인물을 쉽게 찾을 수 있다. 첫 장을 펼치면 그림 속에 많은 사람들이 있는데, 그중에서 앞표지에서 특별히 눈에 띄는 인물을 찾아서 어디서 무엇을 하는지 이야기를 만들어보는 것도 이 책을 즐기는 방법 중 하나다.

참고로, 이 책을 보지도 않고 자녀에게 "수잔이 나오는 책인데, 책 속에 수잔을 찾으며 읽으면 재미있을 거야. 네 방 들어가서 보

『수잔네의 봄』 Rotraut Susanne Berners Frühlings-Wimmel-Leporello ⓒ 2007, Gerstenberg Verlag

려무나" 하고 말해서는 절대 안 된다. 왜냐하면 등장인물의 이름이 '수잔네'이지, '수잔'이 아니기 때문이다.

유아기의 독서교육은 어른들과의 상호작용이 절실히 필요하다. 이것은 유아의 인지발달 심리학의 대표적인 학자 비고츠키가 말한 '근접발달영역$_{ZPD}$'과 통한다. 즉 주변 사람들과 상호작용하며 교류하는 과정에서 아이의 인지 발달이 일어나는 것이다. 언어는 사고의 도구라는 점을 잊지 말아야 한다. 앞에서 소개한 그림책들은 단지 일회용으로 흥미를 끌거나 눈요기로 현혹하려고 추천하는 것이 아니다. 아이가 학습에 대한 압박에서 벗어나 즐거운 마음으로 책을 볼 수 있도록 도와주자.

꼬리에 꼬리를 무는 그림책 읽기

"우리 아이가 책에 좀더 관심을 가졌으면 하는데 방법이 없을까요?" 묻는 이들이 많다. 그럴 때는 '서로 관련이 있는 책, 두 권 읽어주기'를 권한다. 한 권 읽고 난 뒤에 또 한 권을 읽으면 수학적으로는 두 권을 읽은 것이지만, 독서의 세계에서는 계산법이 다르다. 꼬리에 꼬리를 무는 독서를 통해 내용을 좀더 깊이 이해하게 되고, 사고력이 올라가고 호기심을 자극하는 등의 시너지 효과가 일어난다.

단순히 책을 두 권 읽는다고 해서 시너지 효과가 생기는것은 아니다. 책의 내용에 좀더 호기심을 가질 수 있도록 서로 연관된 책을 고르는 게 중요하다. 동일한 출판사의 전집을 사서 순서대로 두 권씩 읽는 것이 아니다. 유아의 발달과 흥미를 고려하여 적절한 도서를 선택해야 하는데, 구체적인 사례는 다음과 같다.

자연도 사람도 더불어 사는 삶

먼저 등장인물을 인형으로 만들어서 사진으로 찍은 그림책 『수박』을 읽어보자. 농부가 우연히 수박밭에서 아주 커다란 수박을 발견하는 것으로 이야기는 시작된다. 수박을 집으로 가져와 어머니에게 드리자 어머니는 시집간 막내딸이 생각나서 막내딸에게 수박을 준다. 막내딸은 커다란 수박을 먹으려다가, 베트남에서 시집온 띠엔에게 가져다준다. 띠엔은 커다란 수박을 윗집에 살고 있는 할아버지에게 가져다드린다. 할아버지는 맛있게 먹으려다가 옆집에 살고 있는 착한 삼식이에게 수박을 준다. 삼식이는 신이 나서 수박을 받아 나이 드신 홀어머니와 맛있게 먹는다.

삼식이가 수박을 아주 맛있게 먹고 있는데, 밖이 너무 소란하다. 내다 보니 농부네 송아지, 할머니네 돼지, 막내딸네 고양이, 띠엔네 오리, 할아버지네 염소, 그리고 삼식이네 강아지가 수박을 보고 군침을 흘리고 있는 게 아닌가? 삼식이는 동물 모두에게 수박을 나누어주었고 동물들은 각자 집에 돌아가 똥을 누었다. 그다음 해 여름 어느 날, 마을 사람들은 깜짝 놀란다. 커다란, 아주 커다란, 무지무지 커다란 수박이 집집마다 열렸기 때문이다. 그래서 온 동네

「수박」
허은순 글·이정현 그림, 허은순 사진, 은나팔, 2012

「똥 똥 개똥 밥」
김하루 글·박철민 그림, 미래아이, 2012

사람들은 수박 잔치를 한다.

　서로서로 양보하며 따뜻한 마음이 담긴 『수박』을 본 어린 독자에게 『똥 똥 개똥 밥』을 권한다. 두 책은 표현법이 아주 대조적이다. 『수박』은 지점토를 이용한 인형이 등장해 연쇄적 기법으로 생동감 있고 유머러스한 분위기로 묘사한 반면에, 『똥 똥 개똥 밥』은 똥강아지 보배가 아침밥을 먹고 나서 똥을 누는데, 그 개똥이 다른 동물이나 곤충에게 소중한 밥이 될 수도 있다는 사실을 동시와 함께 한국화로 그려낸 작품이다. 이를 통해 아이들은 모든 자연물은 서로 도움을 주고받으며 살아가는 관계임을 깨닫게 된다.

　출판사, 작가, 표현 기법은 각기 다르지만, 혼자 사는 삶이 아니라 더불어 사는 삶을 그렸다는 점에서 두 책은 환상의 하모니를 이룬다. 살아가면서 서로서로 나누는 기쁨과 하찮게만 보이는 똥이 얼마나 소중한지 자연스레 느낄 수 있다. 이 책들을 읽은 뒤에

「똥똥 개똥 밥」

는 고(故) 권정생의 『강아지똥』을 소개하여 이해의 폭을 넓히는 것도 가능하다.

문학의 교육성은 말로 설명하고 가르친다고 해서 이루어지는 것이 아니다. 문학작품이 주는 감동을 통해 부수적으로 나타나는 변화이다. 어린 독자가 앞으로도 더욱 더 책에 관심을 갖기를 바란다면, 좋은 문학작품을 감상하며 감동을 느낄 수 있도록 배려해야 한다.

감동과 관심을 연이어 가질 수 있도록

『우리 가족입니다』를 만 5세반 아이들에게 읽어주려고 앞표지를 보여주었을 때다. 뜻밖에도 한 아이가 손을 번쩍 들며 궁금한 게 있다고 하였다. 쾌히 어떠한 점이 궁금한지 물어보니 기다렸다는 듯이 "선생님! 표지에 적힌 031-955-3456으로 전화하면 신흥반점 나와요?" 하고 묻는 게 아닌가. 나는 휴대전화를 꺼내어 스피커폰으로 전환해놓은 뒤, 전화를 걸어보자고 제안하였다. 질문한 아이가 앞에 나와 숫자 버튼을 누르고, 그것을 바라보는 아이들은 숨을 죽였다.

드디어 벨이 울렸다. 그리고 곧 낭랑한 목소리로 "안녕하십니까? 보림출판사입니다!"라는 멘트가 울려퍼졌다. '신흥반점'이 나올 것이라고 예상한 아이들의 안타까운 탄식 소리가 새어 나왔다. 그렇게 해프닝으로 끝났지만, 이 책이 '보림출판사'의 그림공모전 대상 수상작이라는 사실을 자연스럽게 설명하며 이야기를 시작할 수 있었다.

그리고 일주일 뒤, 교실 책꽂이에 슬쩍 『뒷집 준범이』를 놓아두었다. 하지만 아이들은 별 관심 없이 놀이에 빠져 있었다. 조금 뒤, 한 아이가 책꽂이에서 책을 꺼내 뒤적뒤적하더니 아주 큰 목소리로 "와, 신흥반점이다! 선생님, 신흥반점이 여기에 있어요! 얘들아, 신흥반점이야!"하며 감정을 추스르지 못하고 놀라워했다. 『뒷집 준범이』 뒤표지에 있는 '신흥반점'을 가리키자 아이들이 몰려들었다. 아이들은 신기해하며 책을 읽어달라고 했다.

『뒷집 준범이』는 정말로 신흥반점 뒷집에 이사 온 준범이 이야기이다. 『우리 가족입니다』에서는 주인공 '나'의 이름을 알 수 없었지만, 『뒷집 준범이』에서는 신흥반점의 '나'는 바로 '강희'라는 게 밝혀지고, 강희의 동생 '강우', 슈퍼집 아이 '충원이', 충원이의 동생 '예원이'의 이름도 정확하게 나온다. 아이들은 두 책 모두 이혜란 작가가 지었다는 사실에 흥미를 보였다. 그리고 이혜란 작가의 다른 책은 없냐고 묻는 아이들을 보며, 나는 아주 뿌듯함을 느꼈다.

이혜란 작가는 아주 유능한 작가다. 특히 작품에 따라서 적절하게 시점을 달리하여 묘사한 점이 돋보인다. 다만 『뒷집 준범이』에

『우리 가족입니다』
이혜란 글·그림, 보림, 2005

『뒷집 준범이』
이혜란 글·그림, 보림, 2011

도 『우리 가족입니다』에서의 신흥반점 간판과 전화번호를 똑같이 그렸으면 더욱 좋았을 거라는 아쉬움이 남는다. 어찌되었든 아이들은 『우리 가족입니다』 덕분에 『뒷집 준범이』까지 능동적이고 적극적으로 몰입할 수 있었다.

단순히 비슷한 책 두 권을 사놓고 읽으라고 시키는 게 아니라, 한 권을 감상하고 난 뒤 그 감동과 관심을 연이어 가지도록 또 한 권의 책을 준비해놓길 바란다. 두 권의 닮은 점과 다른 점을 찾아내는 기쁨은 바로 아이의 몫이다. 아이들이 그 기쁨을 만끽하는 만큼, 준비하는 사람에게도 즐거웠던 일로 기억될 것이다.

무지개 물고기 이야기가 하나의 시리즈가 되다

또 함께 읽기 좋은 책으로 마르쿠스 피스터의 『날 좀 도와 줘, 무지개 물고기!』와 『길 잃은 무지개 물고기』를 적극 추천한다. 『날 좀 도와 줘, 무지개 물고기!』의 주인공인 외톨이 노란 줄무늬 꼬마 물고기는 친구가 없어서 외로워하다가 용기를 내어 "나도 끼워 줄래?"라고 간청을 한다. 하지만 반짝이는 비늘이 없다며 여러 물고기들에게 거절당하고 만다. 이후의 내용은 노란 줄무늬 꼬마 물고기가 여러 친구들을 사귀기까지의 과정을 담고 있다. 한편 『길 잃은 무지개 물고기』는 주인공 무지개 물고기가 반짝이는 돌을 가지려 욕심을 부리다가 그만 길을 잃게 되는 내용이다.

『날 좀 도와 줘, 무지개 물고기!』
마르쿠스 피스터 글·그림, 시공주니어, 1996

『길 잃은 무지개 물고기』
마르쿠스 피스터 글·그림, 시공주니어, 2005

　마르쿠스 피스터의 작품은 시리즈로 출간되는 책인데, 한 권 한 권 따로 보아도 재미있고, 이야기가 연결되므로 연이어 보아도 재미있다. 『무지개 물고기』(1994)의 이야기는 『날 좀 도와 줘, 무지개 물고기』와 『무지개 물고기와 흰수염고래』(1999)로 연결된다. 그리고 이어서 『용기를 내, 무지개 물고기』(2001), 『길 잃은 무지개 물고기』 『무지개 물고기와 신기한 친구들』(2009), 『무지개 물고기야, 엄마가 지켜 줄게』(2012)까지 출간되었다. 나는 독자로서 앞으로 또 어떤 무지개 물고기 책이 나올지 궁금하다.

『감자 이웃』이 선물한 인성교육

인성이란 사람의 성품으로 각 개인이 가지는 사고와 태도 및 행동 특성을 말한다. 따라서 인성교육이란 인간성을 기르는 교육, 인격을 함양하는 교육이다. 그렇다면 그림책으로도 인성교육이 가능할까. 나는 가능하다고 자신 있게 말한다. 왜냐하면 그림책에 등장하는 여러 주인공의 삶을 통해 다양한 인간관, 가치관, 세계관을 경험할 수 있기 때문이다. 그러한 경험은 아이가 본받을 만한 인간성을 형성하고 스스로 내면화하는 데 도움을 준다.

   그림책을 통한 인성교육은 감정이나 동기, 무의식적인 면까지 포함한다. 그림책은 유아의 정서를 풍부하게 해줄 뿐만 아니라 다양하게 표현할 수 있도록 돕는다. 또한 유아가 맞닥들이는 다양한 갈등을 스스로 이해하고 해결책을 찾을 수 있도록 해준다. 또한 그림책을 읽은 후 그와 관련된 역할극, 이야기 나누기, 조형 활동, 게임, 동극 등 다양한 활동은 타인의 생각과 감정에 대해 생각하는 기회를 준다.

인성교육은 무엇보다 인적 환경에 영향을 많이 받는다. 유아기에 바람직한 인성이 형성되기 위해서는 긍정적인 또래 관계를 맺는 것이 중요하다. 유아는 또래들과 상호 관계를 맺으며 대인관계의 만족과 조화를 이루며 성숙한 인간으로 발달한다. 매일 지속되는 일상 속에서 또래 관계를 통해 인성의 덕목들을 자연스럽게 실천하며, 다른 사람의 감정을 잘 이해하게 되는 것이다. 이때 그림책을 통한 갈등과 해결의 간접경험은 감정이나 충돌을 잘 조절함으로써 또래 관계를 원활하게 하는 데 많은 도움이 된다.

이웃과 감자도 나누고 정情도 나누고

『감자 이웃』은 할아버지가 같은 아파트에 사는 이웃들에게 감자를 나누어주는 이야기이다. 아파트에서 혼자 사는 할아버지는 텃밭을 가꾸어 햇감자를 수확한다. 혼자 먹기에는 너무 많은 양이라며 일일이 감자를 이웃에게 나누어준다.

갑작스러운 할아버지의 감자 선물에 이웃들은 조금은 낯설고 놀라워한다. 감자가 들어간 생선조림을 한 403호 아가씨는 "혼자

『감자 이웃』
김윤이 글·그림, 고래이야기, 2014

라서 아무도 없는 척했는데, 문에 걸어 두고 가셨더라"며 미안한 마음을 함께 사는 친구에게 이야기한다. 아파트에 살면서 "딩동!" 초인종 소리에 귀찮아 아무도 없는 척하는 현대인의 모습이 솔직하게 잘 드러나는 대목이다.

203호 재하 엄마는 감자를 조각조각 썰어 넣어 맛난 닭볶음탕을 만들었다. 303호 아주머니는 감자전을 지글지글 부쳤다. 304호 신혼부부는 감자를 톡톡 썰어 오븐에 노릇노릇 구웠다. 404호 아기 엄마는 보드라운 감자 샐러드를 만들고, 504호 태은이 엄마는 감자를 큼직하게 잘라 넣고 냄비 가득 카레를 만들었다. 감자의 변신은 무죄인 양 모두들 변화무쌍하게 다양한 요리를 선보인다. 작가에 대한 자세한 정보는 알 수 없으나, 독자로서 유추하기를 김윤이 작가는 분명 이 아파트에 살고 있는, 마음이 넉넉하고 요리 잘하는 착한 아줌마일 것 같다.

할아버지께 감자를 선물 받은 아파트 이웃들은 감자가 들어간 맛있는 요리를 한 접시씩 담아서 "딩동, 딩동!" 103호 할아버지네 초인종을 누른다. "감자 감사히 잘 먹었습니다. 방금 만들었는데 한번 드셔 보세요." 재하 엄마가 재하와 함께 할아버지에게 인사드린다. 태은이 엄마도 태은이와 함께 할아버지 집에 카레를 가져다

「감자 이웃」

드렸다. 닭볶음탕, 감자전, 감자 샐러드 등 할아버지의 저녁 식탁이 어느새 푸짐해지고 할아버지는 미소 지으며 밥상을 쳐다본다.

할아버지의 식탁을 보면 "와!" 탄성 소리가 저절로 나온다. 『감자 이웃』의 정을 듬뿍 느낄 수 있는 장면이다. 사랑과 감사가 넘치는 식탁이다. 어린 친구들도 이 장면에서는 감탄을 금치 못한다. 텃밭에서 캔 감자 한 상자가 사랑의 밥상으로 변신한 순간이다. 이 책을 보고 나면 저절로 이웃에게 무언가를 나누고 싶은 마음이 샘솟는다.

유치원에서는 『감자 이웃』을 보고 난 뒤에 "할아버지, 할아버지가 주신 감자로 감자전을 만들어 보았어요. 뜨거울 때 드셔보세요!" "할아버지, 닭볶음탕 좋아하셔요? 할아버지가 주신 감자를 넣으니 더 맛이 있어서 갖고 왔어요. 좀 드셔보세요!" 등 역할놀이를 해보아도 좋다. 책의 내용에 대하여 이야기를 나누며 이러한 경험을 한 적이 있는지 발표하거나, 책 속의 주인공이 된 듯 감자요리를 해서 맛보기도 한다. 이처럼 그림책을 보면서 자연스럽게 인성교육이 가능하다.

소소한 것이라도 함께 나누는 기쁨

『감자 이웃』 못지않게 인성교육에 안성맞춤인 책이 있다. 『누리야, 어디 가니?』는 '나눔'이란 많은 것을 가진 사람만이 베풀 수 있는 것은 아니라고 일깨워주는 그림책이다.

강 건너 앞마을이 집중호우로 인하여 홍수 피해가 크게 나자 누리네 가족은 바쁘다. 누리 아빠는 공구가 가득 든 가방을 챙기고, 누리 엄마는 김밥을 준비한다. 누리는 인형을 챙겨 들었다. 준비를 모두 마치고 집을 나서는데, "누리야, 어디 가니?" 청소하시는 할아버지가 묻는다. "앞마을에 가요. 홍수가 났어요."라고 대답하자, "나도 가고 싶은데 가진 것이 없구나"라고 할아버지가 말씀하신다. "없다고요? 있잖아요, 그거!" 할아버지는 누리의 말에 "아하!" 하시며 같이 앞마을로 향한다.

『누리야, 어디 가니?』
이현 글·윤희동 그림, 맹앤앵, 2013

빗자루를 든 할아버지와 누리 가족은 앞마을을 가려는데 미장원 언니가 묻는다. "누리야, 어디 가니?" "앞마을에 가요. 홍수가 났어요"라고 대답하자, "나도 가고 싶은데 가진 것이 없구나"라고 미장원 언니가 말한다. "없다고요? 있잖아요, 그거!" 미장원 언니는 누리의 말에 "아하!" 하며 앞마을로 함께 향한다.

가게의 아주머니가 묻는다. "누리야, 어디 가니?" "앞마을에 가요. 홍수가 났어요"라고 대답하자, "나도 가고 싶은데 가진 것이 없구나"라고 가게 아주머니가 말한다. "없다고요? 있잖아요, 그거!" 가게 아주머니는 누리의 말에 "아하!" 하며 같이 앞마을로 향한다.

신발과 옷들을 주섬주섬 챙겨가지고 나온 가게 아주머니, 빗과 가위를 든 미장원 언니, 빗자루를 든 할아버지, 누리 가족은 드디어 앞마을에 도착하였다. 물난리로 인하여 아수라장이 된 마을을 위해 열심히 일을 한다. 누리는 인형을 가지고 앞마을 아이들을 돌본다. 누리 엄마는 김밥을 나누어준다. 누리 아빠는 공구상자를 열어서 얼른 고장 난 곳을 척척 수리한다. 빗자루를 준비한 할아버지는 청소를 돕고, 빗과 가위를 준비한 미장원 언니는 앞마을

「누리야, 어디 가니?」

사람들에게 척척 머리를 깎아준다. 신발과 옷들을 챙겨온 가게 아주머니는 필요로 하는 사람들에게 나누어준다.

『누리야, 어디 가니?』의 장점은 나눔이라는 추상적인 개념을 유아들이 이해하기 쉽게 풀어내었다는 점이다. 나눔이란 가진 것이 많아야만 하는 것이 아니라, 곤경에 처한 이웃을 걱정하는 마음에서 우러난 소소한 행동으로 시작된다는 사실을 일깨워준다. 유치원의 누리과정에서 6월의 주제는 '우리 동네'인데, 그 주제에도 딱 맞는 책이다.

나는 악어일까? 오리일까?

"아이랑 이야기를 나누며 볼 만한 좋은 책으로 어떤 게 있을까요?'라는 질문을 받으면 제일 먼저 생각나는 책이 바로 『악어오리 구지구지』이다. 이 책의 작가인 천즈위엔은 『악어오리 구지구지』를 발표한 2003년 당시 27세의 젊은 나이였다. 그는 『악어오리 구지구지』를 통해 '신이유아문학상'을 수상하였으며, 볼로냐 국제아동도서전에서 '올해의 일러스트레이터'로 선정되기도 하였다. 10여 년이 지나도 이 책에 변함없는 애정을 갖게 되는 이유는 '내용이 좋아 읽어서 이로움을 주는 책'이라는 양서良書의 의미를 듬뿍 갖고 있기 때문이다.

돋보이는 파라텍스트

그림책의 전체적인 의미에 영향을 미치는 책의 제목, 종이의 질, 책의 크기, 면지 등 그림책 본문에 나오는 글이나 그림 이외의 요소들을 '파라텍스트paratext'라고 한다. 그중 면지는 표지와 속지가 서로 붙어 있게 하는 기능을 하는데, 『악어오리 구지구지』는 특히 면지를 매우 의미 있게 다루었다. 또한 독자로 하여금 앞표지를 활용하여 책을 보기 전에 호기심을 극대화시키거나, 책을 다 보고 난 뒤에 내용을 종합적으로 요약할 수 있도록 파라텍스트를 아주 적절하게 구성했다.

어린 친구들에게 책의 앞표지를 보여주며 제목을 읽어준 후, "누가 구지구지일까?" 물어보면 어김없이 두 패로 나뉜다. "책을 읽는 오리예요. 주인공은 원래 크거든요." 서슴지 않고 말하는 아이가 있는가 하면, "누워 있는 악어가 구지구지예요. 구지구지 글자 위에 악어가 있어요!"라고 말하는 아이도 있다. 책을 읽기 전에 스키마(배경지식)를 활성화시킬 수 있는 바람직한 독서지도 전략 중 하나로 '앞표지 탐색 활동'이 있는데, 이 책은 그 활동을 접목하기에 아주 안성맞춤이다. "누가 구지구지일까?" 질문에 대하여 정답을 맞추는 것이 목표가 아니다. 책을 읽기 전에 주인공에 관심을 갖고 보기를 바라는 마음으로 넌지시 질문을 하면 예상대로 아이들의 적극적인 반응을 이끌어낼 수 있다.

『악어오리 구지구지』
천즈위엔 글·그림, 예림당, 2003

이 책은 면지 구성이 정말 훌륭하다. 그림자 효과를 주어서 독자의 호기심을 극대화시킨다. 아이들에게 "악어가 오리를 잡아먹으려고 살금살금 걸어가는 걸까요, 아니면 엄마 오리와 아기 오리들을 따라서 뒤뚱뒤뚱 걸어가는 걸까요?"라고 질문하면 또 두 패로 나뉜다. "악어니까 오리를 잡으려고 살금살금 가는 거예요." 그러나 대부분의 아이들이 "엄마 오리 따라서 뒤뚱뒤뚱 걷는 거예요"라고 답한다. 그러면 아이들에게 호기심을 더 유발시키며, "참 궁금하구나. 악어인데 왜 뒤뚱거리며 걷는 걸까? 아이 궁금해, 어서 보기로 해요" 하며 책장을 펼친다. 표지와 속지를 이어주는 면지의 물리적인 기능에서 벗어나 그림책의 전체적인 의미에 영향을 미치는 중요한 역할을 톡톡히 해냄으로써, 어린 독자가 더욱 초롱초롱한 눈빛으로 이야기에 몰입할 수 있도록 한 작가의 감각이 돋보인다.

딜레마에 빠진 구지구지, 천즈위엔의 해법은?

악어오리 구지구지는 자신이 악어인 줄도 모르고, 오리 가족과 함께 아주 행복하게 살고 있었다. 그러던 어느 날, 그 동네에 못된 악어 세 마리가 나타난다. 악어들은 구지구지에게 악어는 악어끼리 서로 도우며 살아야 한다면서 악어의 먹잇감이 될 수 있도록 오리 가족들을 데리고 다리 밑으로 다이빙하라고 시킨다. 구지구지는 자신이 오리인 줄 알았는데 오리가 아닌 악어라는 게 혼란스럽다. 슬픔에 젖은 구지구지는 어떻게 해야 할지 몹시 난감해한다. 악어오리 구지구지에게는 최대의 딜레마이다. 어떻게 해야 할까.

이러한 딜레마 속에서 자연스럽게 콜버그의 도덕 발달 이론에 따라 사고의 단계를 가늠할 수 있을 것이다. 구지구지는 악어니까 당연히 악어 편을 들어야 한다거나, 악어 아저씨들이 혼낼까봐 그들이 시키는 대로 할 수밖에 없다고 한다면 아직은 미성숙한 단계이다. 그러나 악어라고 해서 나쁜 행동임에도 불구하고 무조건 악

「악어오리 구지구지」의 면지

어 말을 따라야 하는 것은 아니라고 생각한다든지, 나쁜 악어들로부터 착한 오리 가족을 구해주어야겠다고 생각한다면 성숙한 단계이다. 작가는 딜레마에 대처하는 구지구지를 통해 어린 독자들에게 지혜를 보여준다.

구지구지는 연못에 비친 자신의 모습을 보며 "이것 봐! 난 오리도 아니지만, 무서운 악어는 진짜 아니야. 난 악어오리야!"라고 외친다. 이때 불현듯 스쳐지나가는 한 장면이 떠올랐다. 그것은 바로 앞표지였다. 작은 글자의 '악어오리'와 큰 글자의 '구지구지'가 왜 그렇게 배치되어야 했는지 이해되며, 그 절묘함에 저절로 고개가 끄덕여졌다.

흥미진진한 이야기 속으로

구지구지는 더 이상 혼란스럽지 않다. 나쁜 악어를 물리치고 착한 오리 가족을 구하는 것이 옳다는 것을 잘 알고 있기에. 그렇다면 힘이 약한 구지구지가 어떻게 나쁜 악어를 물리칠 것인가. 뒷장을 펼치기 전 아이들에게 어떤 방법이 있을지 물어보면 밤송이를 떨어뜨린다, 뾰족한 나뭇가지를 떨어뜨려서 악어를 잡는다, 밤에 몰래 악어가 살지 않는 동네로 모두 이사한다 등 나름의 대책을 내어놓는다. 과연 천즈위엔의 방법은? 약속한 시각에 다리 위에서 앞장선 구지구지를 따라 "하나, 둘, 셋, 넷" 오리 가족들이 나타난

『악어오리 구지구지』

다. 안도의 숨이 저절로 쉬어진다. 딱딱한 돌덩이를 떨어뜨리자 혼비백산 도망치는 악어의 모습이 유머러스하게 표현되어 있다.

그러나 이야기는 단순히 행복한 파티 장면으로 끝나지 않는다. 맨 뒤에 한 장면이 더 있다. 그 장면 때문에 이 책이 신이유아문학상을 받지 않았을까 싶다. 또한 천즈위엔이 작가로서 가장 돋보이게 하는 장면이라고 생각한다.

"연못에 비친 내 모습 좀 봐요. 얼룩이랑 똑같죠?" 정말 연못에 비친 구지구지의 모습은 엄마오리, 점박이, 얼룩이, 달빛이 가족과 똑 닮았다. 얼마나 노력해야 생김새가 전혀 다른 악어가 내면의 오리를 완전히 닮을 수 있으랴! 진한 감동의 여운이 남는다.

책의 뒷면지에는 작가 소개와 함께 이야기의 배경이 실려 있다. 작가인 천즈위엔은 미국에 사는 한국계 혼혈아 친구의 이야기에서 '구지구지'의 모티브를 얻었다고 한다. 많은 어려움을 이겨내고 자신의 정체성을 찾아가기까지의 과정을 한 권의 동화로 담은 젊은 작가의 감각과 능력에 감탄할 뿐이다.

출간되기까지의 비하인드 스토리

처음 서점에서 『악어오리 구지구지』의 앞표지만 보았을 때에는 거무스름한 바탕색에 낯선 제목 때문인지 그리 호감이 가지 않았다. 다만 예림당에서 펴냈다는 점에 주목하였다. 『손바닥 동물원』(한태희 지음, 2002), 『여우가 오리를 낳았어요』(쑨칭펑 글·꽝야원 그림, 2003) 등 예림당에서 출판한 책이 아주 맘에 들었기 때문에, 대만의 신인 작가 천즈위엔에 대해서는 잘 몰랐지만 예림당에서 심혈을 기울여 만들었을 거라는 생각에 책을 구입하여 읽었다.

책을 읽은 뒤에는 수작이라는 생각에 열 번도 더 『악어오리 구지구지』를 살펴보며 분석하였고, 부모교육 또는 교사연수를 진행할 때에도 종종 이 책을 소개하였다. 그런데 의구심이 생겼다. 앞표지, 속면지 등 파라텍스트에 대한 나의 분석이 적절한지 궁금해서 예림당 출판부에 알아보았다.

그리고 편집부의 관계자를 통해 뜻밖의 이야기를 들었다. 내가 감탄하며 보았던 『악어오리 구지구지』 앞표지 구성은 작가 천즈위엔이 아닌 예림당 편집부에서 진행한 것이라고 한다. 앞표지를 재구성하여 천즈위엔에게 보여주었을 때 그는 예림당에서 수정한 앞표지가 더 마음에 든다고 말했다고 한다. 앞표지의 재탄생으로 이 작품은 확실히 더 돋보인다. 이처럼 그림책의 세계는 흥미진진하며 가능성이 무궁무진하다. 앞으로도 출간될 좋은 그림책에 큰 기대를 가지고 바라본다.

일기를
왜 써야 하는 걸까?

"일기를 왜 써야 하는 거야? 귀찮은데 말이야." 투덜투덜하며 불만이 많은 자녀를 둔 부모님께 꼭 권하고 싶은 그림책이 있다. 바로 『꼬마 원시인 크로미뇽』이다. 그런데 이 책을 읽어줄 때는 조금 재미있게 읽어주는 기술이 필요하다.

먼저 앞표지를 탐색한다. "엄마가 이 책을 도서관에서 빌려 왔는데 읽어줄까?" 가장 심신이 편안한 시간에 자녀와 함께 책 보기를 권한다. 아이를 엄마의 왼쪽에 앉혀서 그림책이 잘 보이도록 자세를 잡는다. 그리고 "꼬마 원시인 크로미뇽." 책의 제목을 말하듯이 읽어준다. 그 다음은 앞표지의 그림을 보는 여유를 갖는다. "엄마, 얘가 크로미뇽이야?"라고 묻는다면 바람직한 신호다. '저들을 준비 되었어요. 어서 읽어주세요'라는 뜻이기 때문이다.

그러나 전혀 관심이 없는 것처럼 아무런 말도 하지 않는다면, 약간의 추임새가 필요하다. "어라? 손에 손도끼를 들고, 머리를 풀어헤치고 뛰어가네. 옷과 신발은 가죽으로 둘둘 말아서 입고 신었구나. 아하! 그래서 제목이 꼬마 원시인 크로미뇽이구나!" "엄마! 원시인이 뭐야?"라고 궁금한 마음을 갖고 물어본다면, 미소 지으며 "이 책을 보고 나면 쉽게 이해할 수 있을 거야! 엄마가 읽어줄게."하며 책에 몰입하도록 분위기를 조성한다.

의미 있는 장면을 보고 감탄하는 것도 중요하다. "사냥을 나간 사람들이 돌아오기를 기다리는 동안, 엄마는 짐승 뼈를 잘게 부수고 있어요. 뼈 속까지 쏙쏙 빨아먹게요. 하지만 크로미뇽은 뼈를 빨아먹는 건 좋아하지 않아요. 그 대신에 크로미뇽은 뼈를 입에 대고 '후-' 부는 걸 좋아해요. 그러면 바위 위에 손자국이 난다는 걸 알고 있거든요."하는 장면에서는, 무미건조하게 읽어주고 뒷장을 획 넘기지 말고, "모두가 홉~하고 빨아 먹는데, 크로미뇽은 후~하고 부는 것을 좋아한대"라고 말하며, 자녀와 눈을 마주하고 한 번 웃어봐주길 바란다.

호기심 많은 크로미뇽과 친구해요

책 내용을 간단히 요약하면 다음과 같다. 어린 크로미뇽은 엄마랑

『꼬마 원시인 크로미뇽』
미셸 게 글·그림, 웅진주니어, 2000

동굴 속에서 집을 지키며, 사냥을 나간 어른들을 기다린다. 그러던 어느 날, 엄마 몰래 밖으로 나갔다가 커다란 맘모스를 발견한다. 그리고 무사히 동굴에 돌아온 크로미뇽은 벽에 맘모스를 그려, 사냥을 나갔다가 허탕을 치고 돌아온 어른들에게 그 사실을 알린다. 그리고 마침내 사람들이 힘을 모아 맘모스를 잡고 모두 맘모스 고기를 먹는다.

언뜻 보면 이 내용이 유아의 그림책에 적절한지 의구심이 들 수도 있다. 아이들에게 이 그림책의 진정한 맛을 느끼게 하려면 원시시대라는 배경과 크로미뇽이 그림을 남기는 것의 의미 등에 대해 조금 설명해줄 필요가 있다. 이때 주의할 점은 단순히 '지식의 전달자'가 되어 가르치듯 읽지 않는 것이다. 아이에게 '사고의 촉진자', '심리적 지원자'가 되어 같이 그림책을 즐기며 읽어보자.

아이가 진정 성장하는 것은 부모의 말을 안 듣고 일탈을 꿈꾸며 스스로 실행할 때가 아닌가 싶다. 크로미뇽도 안전하게 동굴 속에 있으라는 어른들의 말을 어기고 집밖으로 나갔다가 맘모스를 발견한다. 그리고 마침내 크로미뇽은 앞장서서 어른들을 맘모스가 있는 곳으로 인도하게 된다. 자신이 남긴 손바닥 모양을 보여주며, 이 길로 가는 것이 옳다고 설명하는 장면에서는 저절로 미소가 지어진다. 이때는 아이에게 슬쩍 "크로미뇽은 어떤 기분일까?" 질문해보기를 권한다. "엄마, 신날 것 같아. 정말 맘모스를 찾을 수 있을까?" 마치 자신이 크로미뇽인 것처럼 자녀도 뿌듯하고 신이 나서 다음 장면 이야기에 귀 기울일 것이다.

그리고 어른들이 맘모스와 싸울 때에는 반드시 "누가 이길까? 과연 맘모스 고기를 먹을 수 있을까?" 이 말이 꼭 필요하다. 왜냐하면 뒷 장면은 피를 흘리고 쓰러져 있는 맘모스가 있기 때문이다. 먹을 것을 구하지 못해 배가 고픈 원시인들에게 맘모스는 최고의 음식이었을 것이다. 그 사실을 전해 아이들이 맘모스를 잡은 원시인들의 기쁜 마음을 같이 나누도록 해보자.

크로미뇽처럼 나의 생각을 표현해요

맘모스를 잡은 후, 고기를 배부르게 마음껏 먹을 생각에 모두들 기뻐하며 맘모스 고기를 운반한다. 그러나 뜻밖에도 주인공 크로미뇽은 맘모스의 꼬리를 가져간다. 이 장면에서 "크로미뇽은 그 꼬리를 가져가서 무엇을 할까?" 하며 뒷이야기를 유추할 수 있도록 질문하면 대다수 아이들은 청소 도구, 목도리 등을 말한다. 그러나 꼬마 원시인 크로미뇽의 행동은 상상 밖이다. 그림책을 한 장 넘기면 저절로 탄성이 나온다. 모두들 고기를 구워 먹으며 놀고 있는데, 우리의 크로미뇽은 그 자리에 없다. "붓!" 맞다. 자신의 생각을 담아 좀더 잘 표현하기 위해 붓을 만들어 맘모스를 그리는 것이다.

크로미뇽에 대해 이야기 나눠보는 시간도 필요하다. 크로미뇽도 다른 사람들처럼 맘모스 고기를 먹고 싶지 않았을까? 왜 크로미뇽은 다른 사람들과 같이 어울려 먹고 마시며 같이 놀지 않고 붓으로 그림을 그린 걸까? 크로미뇽이 그림을 남겨두었기에 우리는 맘모스가 옛날에 살았음을 알 수 있는 건 아닐까? 두런두런 이야기를 나누다 보면 아이도 기록한다는 것의 중요성을 느낄 것이다.

『꼬마 원시인 크로미뇽』을 읽은 뒤에는 가족 나들이로 박물관 견학, 벽화 감상을 해보길 권한다. 우리나라 벽화에 관심을 갖고 그림을 살펴보면서 유적에 대해 가치를 느낄 수 있다. 인간은 손으로 그림을 그리고, 책을 만들고, 이것저것 유용한 물건을 만들어 남긴다. 그 예전에 만들어진 것은 몇백 년, 몇천 년이 지나서도 빛을 발한다. 그러한 유적들을 살펴보며 크로미뇽처럼 조금씩 노력하면, 자신의 생각을 남에게 전하고 오래도록 남길 수 있다는 말을 덧붙인다면 아이들도 더욱 흥미를 느낄 것이다.

반드시 깨우침을 위해 책을 읽는 것은 아니다. 그러나 『꼬마 원시인 크로미뇽』만큼은 자녀에게 들려주고, 이야기 나누며 보기를 권한다. 어른과 함께 봄으로써, 이 책에 숨어 있는 진가를 더 잘 발견할 수 있기 때문이다. 먼 훗날, 자녀가 성인이 되어 귀찮고 힘든 일에 부딪혔을 때 포기하지 않고, 부모님이 보여준 『꼬마 원시인 크로미뇽』을 떠올리며 힘을 얻는 모습을 상상해보자. 얼마나 멋진 일인가. 무조건 많이 읽기보다는 한 권을 읽더라도 꼼꼼히 의미를 파악하며 마음속 깊이 담아두는 정독을 권한다. 자녀가 열심히 그림일기를 쓰고 있을 때, "꼬마 원시인 크로미뇽 같구나" 하고 다독여준다면 더욱 신이 날 것이다.

그림일기에 도전할 마음의 준비

『언니가 생겼어』
이유정 글·김수옥 그림, 아르볼, 2013

『언니가 생겼어』는 앞표지가 아주 매력적이다. 미리암은 탄자니아에 살고 있는 고아이다. 그래서 윤이 부모님은 미리암을 후원하며 한 가족처럼 여긴다. 미리암은 윤이보다 나이가 더 많으므로, 부모님께서 미리암을 윤이의 언니라고 소개를 한다. 항공우편에 'from Miriam'이라고 쓰여 있는 앞표지의 그림에서 유추해보면 윤이에게 미리암 언니가 편지를 보냈다는 것을 알 수 있다. 윤이가 미리암 언니의 소식을 손꼽아 기다리는 모습도 정겹게 표현되어 있다.

이 책은 '나눔'이라는 주제를 유아의 눈높이에 맞춰 일기 형식으로 풀어낸 작품이다. 특히 눈여겨볼 장면은 8월 30일과 12월 25일의 일기인데, 그 사이 발생한 일들로 인해 윤이가 성장했음을 엿

「언니가 생겼어」

볼 수 있다.

8월 30일에는 엄마, 아빠가 입양한 탄자니아의 미리암을 윤이에게 소개를 한다. 외동딸 윤이는 언니가 생겨서 좋았지만, 시간이 지나면서 화가 나는 일이 벌어진다. 엄마, 아빠가 윤이도 갖고 싶어했던 것들을 미리암에게 선물한 것이다. 윤이는 자기가 꼭 입고 싶었던 빨간 원피스를 미리암이 입고 있는 사진을 보자 너무 화가 난다. 그래서 미리암에게서 온 편지를 슬쩍 감춰버린다. 며칠이 지나도 미리암에게 소식이 없자 엄마와 아빠는 안절부절못한다. 그 모습을 보고 윤이는 부모님께 솔직히 말씀드리며 용서를 빈다. 그 후 윤이의 마음을 달라진다. 미리암 언니의 소식을 기다리며 정말 언니로서 마음의 문을 연 것이다. 12월 25일의 일기를 보면 "언니, 사랑해! 이건 진짜다"라고 윤이의 마음이 표현되어 있다.

이 그림을 보며, 자녀와 오손도손 이야기를 나눠보자. "윤이가 마음을 담아서 일기를 써놓으니까 시간이 지나서도 예전에 어떠한 일이 있었고, 나의 마음은 어떠했는지 잘 알 수 있겠구나!" 감탄의 한마디가 어린 자녀에게 마음의 큰 울림으로 다가가 그림일기에 도전할 마음의 준비가 될 것이다.

그림일기 관련 그림책의 매력

김동수 작가의 『감기 걸린 날』은 어린이의 마음을 일기 형식으로 잘 표현한 그림책이다. 눈이 많이 온 날, 엄마는 주인공에게 오리털로 만든 옷을 사준다. 그날 밤 꿈에서 주인공은 오리들을 만난다. 오리들이 깃털이 없어 춥다고 말하자 주인공은 옷 속의 오리털을 하나하나 뽑아서 오리들에게 열심히 꽂아주고 오리들과 신나게 눈밭을 구르며 논다. 그런데 꿈에서 깨어 보니 그만 감기에 걸려 있었다는 내용이다. 2002년 보림출판사의 그림책 공모전에서 우수상을 받은 책으로, 작가의 기발한 상상력과 동심의 세계가 잘 묘사된 작품이다.

황영 작가의 『영이의 그림일기』는 어린 영이의 손 글씨가 삐뚤빼뚤 담겨 있는 일기장이다. 영이가 유치원에서부터 초등학교 1학년 때까지 쓴 일기인데, 그림이 개성 만점이다. 일기의 내용이 깜찍하고 멋진 생각들이 듬뿍 들어 있다. 특히 엄마, 아빠, 동생 등

 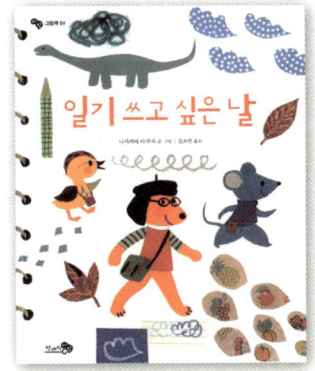

감기 걸린 날
김동수 글·그림, 보림, 2002

일기 쓰고 싶은 날
타쿠시 니시카타 글·그림, 천개의바람, 2011

 가족과 친구 등 주변 사람들의 일상을 동심으로 바라본 이야기가 흥미롭다. 일기 종류도 관찰 일기, 독후감 일기, 견학 일기 등 여러 형식으로 되어 있다.

 니시카타 타쿠시의 『일기 쓰고 싶은 날』은 나들이 일기책 만드는 것을 좋아하는 또박이 삼촌이 별이와 달이에게 일기 쓰는 법을 가르쳐주는 내용이다. 또박이 삼촌은 박물관에서 보고 느끼고 생각한 것들을 오리고 붙이고 그려서 나들이 일기책을 만든다. 또한 그림일기란 단순히 그림을 그리고 글을 쓰는 것만이 아니라, 나뭇잎과 아이스크림 포장지, 입장권 등을 붙여서도 멋진 일기를 쓸 수 있음을 보여준다. 일기 쓰기를 시작하는 자녀에게 이 책을 소개해주면 도움이 많이 될 것이다.

사랑을 나누는 마음 따뜻한 그림책

유아기의 독서활동은 그림과 글 등의 시각적 기호와 성인이 들려주는 이야기를 자신의 경험과 지식을 활용하여 의미를 구성해가는 과정을 말한다. 그러므로 다양하고 입체적인 독서활동을 통하여 책에 대한 흥미를 가지고, 인성 및 사고력, 창의력 등을 기를 수 있도록 도와야 한다. 그림책은 유아의 언어능력 향상에 긍정적인 영향을 미친다. 그리고 정서와 상상력에 호소하기 때문에 큰 즐거움을 준다. 또한 이야기를 경험함으로써 이야기 문법이나 구조에 대해 자연스레 알 수 있다. 그로 인해 유아가 스스로 이야기할 수 있도록 도와준다.

그림책은 글만 읽는 것이 아니라, 그림을 감상하는 것도 아주 중요하다. 그래서 유아가 그림을 보며 이야기를 더 잘 이해할 수 있도록 배려해야 한다. 그림책은 그림을 통해서 구체적이고 세부적인 것들을 관찰할 수 있는 기회를 제공하는 것이다.

유아는 그림책을 통해 읽고 쓰는 기초 능력을 자연스럽게 습득하는 한편 다양한 정서를 느낀다. 유아가 그림책을 보면서 이야기에 대한 정서적 반응을 더 잘 유도할 수 있게 지도하면 감상의 경험을 더욱 확장시킬 수 있다. 이야기에 대한 정서적 반응을 일으키기에 적절한 책으로 『세상에서 가장 맛있는 자장면』과 『작은 기적』을 소개하고자 한다.

세상에서 가장 맛있는 자장면

『세상에서 가장 맛있는 자장면』은 눈이 펄펄 내리는 어느 겨울날, 인혜가 어린 동생 둘을 데리고 자장면 집에 들어서는 것으로 시작된다. 맛있는 자장면을 먹을 생각에 어린 두 동생들은 신이 나서 가게 안을 두리번거린다. 주인아저씨는 어른 없이 아이들만 들어온 것을 조금 이상하게 여기지만, 아무렇지 않은듯 주문을 받는다. 그러자 제일 맏이인 인혜가 아저씨에게 조그마한 목소리로 조심스럽게 자장면을 두 그릇만 시킨다. 동생들이 왜 두 그릇만 시키냐고 묻자, 인혜는 자기는 배가 아파 자장면을 먹을 수가 없다고 한다. 어린 두 동생들은 가게 안에 자리를 잡고 앉아 있는 손님

「세상에서 가장 맛있는 자장면」
이철환 글·장호 그림, 주니어RHK, 2010

들 중 옆 테이블에 엄마, 아빠랑 함께 온 다른 아이들을 부러운 듯 바라보며 자장면이 어서 나오길 기다린다.

그런데 뜻밖에도 중국집 주인아주머니가 "인혜야, 많이 컸구나" 하며 인혜에게 자신이 엄마의 옛 친구라고 말한다. 인혜는 깜짝 놀라지만 엄마의 친구라는 말에 반가워한다. 동생들도 마치 엄마를 만난 양 신나서 미소 짓는다. 그러자 아주머니는 아이들을 위해 자장면, 탕수육 등 음식을 준비해서 아이들 앞에 내려놓는다. 아이들은 세상에서 가장 맛있는 자장면과 탕수육을 먹으며 입가에 미소가 번진다. 배가 부르다고 말하던 인혜도 언제 그런 말을 했느냐는 듯이 아주 맛있게 먹는다. 그 모습을 아저씨와 아주머니는 아주 흐뭇하게 바라보고 있다. 어느새 아이들이 세상에서 가장 맛있는 자장면을 배불리 먹고 가게를 나오자, 아주머니가 가게 문 밖까지 나와 "자장면 먹고 싶으면 언제든지 오렴!" 따뜻한 인사말과 함께 배웅을 한다. 아저씨도 미소를 지으며 멀리 가는 아이들의 뒷모습을 바라보며 손을 흔든다.

아이들이 먼 발치에서 사라지자 아저씨는 부인에게 아주 궁금하다는 듯이 "나는 도저히 생각이 나지 않는데, 인혜가 누구지?"라

『세상에서 가장 맛있는 자장면』

며 묻는다. "나도 몰라요. 부모가 없다고 돈을 받지 않고 음식을 주면 아이들이 더 슬플 것 같아서요"라는 말에 아저씨는 깜짝 놀라며 "인혜라는 이름을 어떻게 알았소?"라고 묻는다. 그러자 아주머니는 "아이들이 서로 이야기하는 것을 들었지요" 하고 대답하자 그 재치에 기가 막히다는 듯이 껄껄 웃으며 아저씨는 부인의 어깨를 말없이 감싸준다. "깊어가는 겨울밤, 아주머니의 따뜻한 마음 한 자락이 눈송이에 실려 은은하게 퍼집니다"로 끝을 맺는다.

그림만 보아도 정성스럽게 음식을 준비한 주인 아주머니의 고운 마음과 그 음식을 맛있게 먹는 행복한 아이들의 마음이 고스란히 전해지는 듯하다. 부모도 없이 중국집에 들어가 한쪽 테이블에 쭈

2장 그림책 읽어줄까? 101

뻣거리며 앉아 있었을 아이들에게 주인 아주머니의 따뜻한 배려와 사랑이 느껴진다. 우리나라의 훌륭한 일러스트레이터답게 장호 작가의 그림이 글 내용과 조화를 이루며 그림책이 더 돋보인다.

반짝반짝 빛나는 무지개 물고기를 그린 스위스의 마르쿠스 피스터나 영국의 유명한 작가 앤서니 브라운의 작품은 글과 그림의 작가가 같아서 그림책의 묘미를 더욱 살리는 경우가 많은데, 이 책은 글, 그림 작가가 서로 다름에도 불구하고 마치 한 작가의 작품인 양 아주 자연스럽게 내용과 글이 잘 어우러진다. 『연탄길』로 유명한 이철환 글 작가는 작품을 통해 삶의 태도에서 겸손과 진정성이 느껴졌는데, 『세상에서 가장 맛있는 자장면』 역시 여실히 그것을 증명하고 있다. 출간한 지 벌써 5년이 지났지만 시간이 지나도 손색없이 따뜻한 사랑을 모든 이에게 느끼게 해주는 좋은 그림책이다.

독서 전 활동이 필요한 그림책

『작은 기적』은 고요하고 아름다운 그림에 크리스마스에 일어난 기적 같은 이야기를 담은 글자 없는 그림책이다. 자녀에게 이 책을 보여줄 때는 특별히 독서 전 활동이 필요하다. "엄마가 너에게 보여주려고 '작은 기적'이라는 책을 준비했는데, 기적이란 말을 들어본 적이 있니?" 아이는 호기심 가득한 얼굴로 "기저귀요?"라

「작은 기적」
피터 콜링턴 그림, 문학동네어린이, 2005

고 되물어볼 것이다. "기저귀 말고 기적!"이라고 천천히 풀어서 이야기하면 이번에는 또 "기적 소리 알아요. 기차에서 뿍뿍 아주 시끄러운 소리가 기적이에요"라고 말할지도 모른다.

"아, 그것도 기적이구나. 그런데 오늘 엄마가 이야기하는 기적은 또 다른 기적이야. 앞표지를 보여줄까?" 하며 앞표지를 보여주면 비로소 아이는 "아, 작은 기적"이라며 반응한다. "도저히 있을 수 없는 일이 일어나는 것이 기적이에요"라고 한글사전에서 뜻풀이하듯 배경지식을 가지고 말할 수 있으나, 대다수의 유아들은 알 듯 모를 듯 묘한 표정을 지을 것이다. 그러면 엄마는 더욱 호기심을 가질 수 있도록 "과연 이 책에서는 어떤 기적이 이루어질까. 아이 궁금해, 어디 한번 볼까?" 하며 분위기를 조성한다.

이렇게 책에 대해 궁금증을 갖고 볼 수 있도록 도와주는 활동을 '독서 전 활동'이라고 지칭한다. 독서 전 활동은 유아들에게 스키마(배경지식)를 활성화하고 호기심을 유발시켜 더욱 책에 관심을 갖도록 분위기를 조성하는 것이다. 독서 전 활동에서 '기적'의 의미를 안다면 아는 바대로 기대하며 볼 수 있도록 유도하고, 뜻을 모른다면 책을 보고 난 뒤에 의미를 자연스레 알 수 있도록 이야

「작은 기적」

기를 나누면 된다.

『작은 기적』은 글자 없는 그림책이므로 그림을 보면서 여유롭게 이야기를 나누며 보아야 이야기를 이해할 수 있다. 그림을 꼼꼼히 보면 내용은 그리 어렵지 않다. 특히 이 책은 앞표지를 펼치면 속 면지에 제목과 함께 아코디언과 함께 돈 상자 그림이 나온다. "이런 악기를 아코디언이라고 하는데, 돈 상자가 왜 있을까. 정말 궁금해" 정도의 추임새가 필요하다.

첫 장면으로 아주 가난한 떠돌이 외톨이 할머니가 등장한다. 추운 겨울임에도 불구하고 방안을 덥히는 난롯불이 꺼졌기에 몹시

추위하며 일어난다. 먹을 것을 찾으려고 여기저기 찬장을 열어보지만 아무 것도 없다. 깊숙이 감추어둔 돈 상자를 찾아서 열어보지만 단 한 푼도 없자 옷을 주섬주섬 입고 집을 나선다. 시내에 도착한 할머니는 돈 상자를 열어 발 앞에 두고 아코디언을 열심히 연주한다. 그러나 사람들은 크리스마스 준비를 하느라 할머니는 거들떠보지도 않고 바삐 지나간다. 아침 식사를 거르고 연주하는 것이 힘들었는지 할머니는 땅바닥에 털썩 주저앉고 만다.

그러다 우연히 가게 유리창에 붙어 있는 안내판을 보게 된다. "물건 삽니다!" 할머니는 그 가게에 들어가 아코디언을 내놓고 돈을 받는다. 달랑 한 장이지만 조심스레 돈 상자에 고이 넣어놓는다. 그리고는 아코디언 악기에 입을 맞춘다. 어느새 할머니 눈엔 눈물이 글썽, 눈물이 주르륵 흐른다. 그런데 잠시 후 오토바이를 탄 날치기가 할머니의 돈 상자를 낚아채간다. 깜짝 놀란 할머니는 날치기를 잡으러 눈길 위에 남겨진 바퀴자국을 보며 뒤쫓아 가는데, 그 날치기가 이번에는 성당에 들어가 돈이 든 모금함을 훔쳐서 들고 나오는 게 아닌가!

글자 없는 책이지만 그림만 봐도 마치 할머니께서 "그것만은 안 돼!"라고 말하는 느낌이 생생하다. 할머니는 모금함만큼은 뺏길 수 없다는 양 모금함을 날치기에게서 힘껏 빼앗아 성당으로 들어간다. 할머니는 엉망진창 되어버린 성당 안을 치우고 돈 상자를 제자리에 놓는다. 할머니에게 이젠 악기도 없고, 돈도 없다. 언덕

너머 집으로 터벅터벅 걸어오는데 설상가상 함박눈이 내린다. 할머니는 비틀비틀 힘없이 눈밭에 쓰러지고 만다. 아무리 어린아이라 할지라도 이 상황에서는 숙연해질 수밖에 없다. 혹여 하늘나라로 가는 것은 아닌지 걱정이 앞서게 된다. 이 때 적절히 질문을 하는 것 중요하다. "책 제목이 뭐였더라?" "작은 기적." "그러게, 어서 기적이 일어났으면 좋겠다."

기적이 일어난 크리스마스

너무나 궁금해서 뒷장을 빨리 펼치지 않을 수가 없다. 숨을 죽이고 뒷 장면을 보면 저절로 탄성이 흘러나온다. 성당에 있던 동방박사, 요셉, 마리아 등 구유의 인형들이 힘을 합쳐서 할머니를 집으로 모셔온다. 마리아와 아기 예수는 할머니를 간호하고, 동방박사들은 자신들이 갖고 있는 귀한 물건들을 내놓아 할머니의 아코디언을 되찾고 맛있는 과일과 고기, 스프 등을 준비한다. 요셉은 열심히 나무를 베어 집 안을 따뜻하게 준비하고, 목자는 날치기에게서 할머니의 돈 상자를 찾아온다. 그리고 할머니께서 드실 저녁을 정성껏 준비한 다음 사라진다.

얼마 후, 눈을 뜬 할머니는 깜짝 놀라 벌떡 일어나 집 안을 두리번거린다. 얼굴 표정만 보아도 '세상에 이럴 수가! 내게 이런 기적이 일어나다니…'라고 생각하는 듯하다. 할머니는 누가 그랬는지 궁금해 하지만 이른 아침부터 끼니를 거른 터라 차려놓은 음식을 맛있게 먹는다. 그리고 감사의 노래를 부르며 이야기는 끝난다.

『작은 기적』은 섬세한 묘사가 돋보이는 그림책이다. 특히 이른 아침의 집안 모습과 저녁 때의 모습을 대비하여 잘 표현하고 있다. 에이스 푸드마켓에서 장을 보고 난 뒤에 남은 거스름돈, 마트에서 산 칠면조가 칠면조 요리로 변신한 상황, 성에가 가득 찬 아침의 창문과 저녁에는 음식을 하면서 생긴 집안의 온기로 인하여 밖이 훤히 내다보이는 것 등을 아주 잘 묘사했다. 또한 할머니가 맛있게 저녁 식사를 한 뒤에 노래 부르는 장면이 아주 인상적이다. 어떤 감사의 노래일지 자못 궁금해진다. 이 책만큼은 크리스마스가 오기 전에 미리 준비해두었다가 자녀와 함께 즐겁게 이야기를 나누며 보면 어떨까?

글자 없는 그림책

글자 없는 그림책의 매력은 볼 때마다 생각과 표현하는 말이 달라진다는 점이다. 아이에게 책을 읽어주는 사람도 상상의 나래를 펴며 마음껏 언어 표현을 할 수 있고, 아이도 글자가 없는 자유로움을 만끽하고, 눈에 보이는 것 이상을 마음껏 표현하며 즐길 수 있다.

내가 글자 없는 그림책을 처음 접한 것은 1995년 여름 시공사의 『빨간 풍선의 모험』(옐라 마리 지음)이었다. 빨간 풍선이 둥둥 떠다니는 것처럼 내 마음도 같이 흘러갔다. 그러다 2001년쯤 사계절출판사의 『글자 없는 그림책』(신혜원 그림·이은홍 구성)을 접했는데, 그림책의 매력을 듬뿍 담은 『빨간 풍선의 모험』, 『나무』(옐라 마리 그림, 시공주니어, 1996)와는 극명하게 대비되는 책이었다. 두서

너 장면의 글자 없는 그림판을 제시하여 무엇을 표현하고 있는지 말해보게 만든 책이었다. 기호에 가까운 그림을 제시하여 어린이의 언어 학습에 목적을 둔 교재 같았다. 국내의 글자 없는 그림책에 대해 약간 실망하고 있던 즈음, 2002년에 이성출판사에서 믹잉크펜의 『파란 풍선』이 나왔다. 약간의 글은 있었으나 상상의 나래를 펴기에는 충분했다. 특히 접혀 있는 책장을 펼치면, 책 4배 크기의 커다란 파란 풍선이 나타났는데, 10여 년이 지난 지금도 그 장면이 선명하게 떠오른다.

구름을 보고 펼친 놀라운 상상력

글자 없는 그림책 중에서 가장 먼저 추천하는 책은 『구름공항』이다. 글자 없는 그림책의 진수를 보여주는 작품으로, '2000년 칼데콧 아너상 수상작'이라는 명성에 걸맞게 자유로운 상상의 세계로 독자를 초대한다.

구름이 자욱한 어느 날, 100층 높이의 엠파이어 스테이트 빌딩 전망대에서 한 소년과 장난꾸러기 구름의 만남으로 이야기는 시작된다. 소년은 장난꾸러기 구름을 타고 엠파이어 스테이트 빌딩에서 훌쩍 날아올라 구름공항에 들어간다. 그 발상부터가 대단하다. 늘 보는 하늘에 구름만을 위한 공항이 있을 거라고 상상한 작가 데이비드 위즈너에게 큰 갈채를 보내고 싶다.

『구름공항』
데이비드 위즈너 그림, 베틀북, 2012

구름공항의 내부도 어마어마하다. 솜털구름, 뭉게구름, 조개구름, 새털구름, 소나기구름 등 각각의 도착 시간과 출발 시간이 전광판에 선명하게 쓰여 있다. 구름공항에 일하는 사람들은 각자가 맡은 역할대로 열심히 일하고 있지만, 구름들은 평범한 자신의 모습이 불만이다. 그래서 소년에게 멋진 모습으로 바꿔달라고 부탁한다. 번호표까지 나누어주며 순서를 대기하는 장면은 절로 웃음을 자아낸다.

구름들은 소년의 그림 솜씨로 재탄생한다. 커다란 지느러미를 나풀대는 물고기, 수많은 다리를 꿈틀대는 문어, 둥그런 삿갓 아래 촉수를 늘어뜨린 해파리 등 마치 깊은 바다를 유영하는 멋진 모습으로 변신한 것이다. 그러나 구름공항에 근무하는 사람들은 그 모습이 못마땅한가 보다. 급기야 구름공항에 근무하는 사람들이 모두 동원되어 샅샅이 뒤진 끝에 소년을 찾아낸다. 콧수염 달린 아저씨에 이끌려 잡혀가는 소년의 모습을 보며 가슴이 콩닥콩닥했는데, 다행히도 소년은 구름택시에 태워져 다시 엠파이어 스테이트 빌딩으로 보내진다.

그런데 놀랍게도 장난꾸러기 구름이 소년보다 먼저 도착해서 기다리고 있다. 그리고 빌딩에서 내려와 스쿨버스를 타고 집에 가

「구름공항」

는 길, 소년은 하늘에 펼쳐진 놀라운 광경을 발견한다. 소년이 만들었던 물고기, 문어, 해파리, 그리고 더 많은 물고기들이 하늘을 헤엄치고 있는 게 아닌가. 소년뿐만 아니라 소년 주변에 있는 모든 사람들도 깜짝 놀란다. 고양이는 구름 모양의 물고기가 맛난 생선으로 보이는지 연신 잡으려 애쓰고, 강에서 헤엄치던 물고기는 자신도 하늘을 날 수 있는 양 높이 높이 뛰어 오른다.

어느새 집에 들어와 장난꾸러기 구름과 잠을 자고 있는 소년. 침대 위에 둥둥 떠서 구름과 함께 잠을 자는 모습은 정말이지 행복하고 평온해 보인다. 소년의 방을 찬찬히 살펴보니 그림책에 둥

장한 물고기들이 모두 있다. 소년의 꿈속에 내가 있는 것은 아닌지 착각이 들 정도다.

이 책은 보고 또 봐도 정말 재미있다. 10년도 더 전에 본 책인데 지금 봐도 감동적이고 여전히 가슴 설렌다. 나는 이 마음을 공유하고 싶어 『구름 공항』을 자주 추천하곤 한다.

이 책의 숨은 매력은 또 있다. 구름공항에 일하는 사람들의 표정을 꼼꼼하게 살펴보면 소년을 도와주는 예쁜 여자 직원의 모습을 찾아볼 수 있다. 그리고 어떻게 장난꾸러기 구름이 소년보다 먼저 엠파이어 스테이트 빌딩에 도착할 수 있었는지 이유를 스스로 찾아낼 때의 기쁨도 아주 크다. "아하!" 하고 감탄사가 저절로 나온다. 소년이 구름공항에서 붙잡혀 나온 뒤 왜 온 하늘이 물고기들로 뒤덮이게 되었는지 그림책을 꼼꼼히 살펴보면 스스로 스토리를 만들어낼 수 있다.

아랫집 윗집 사이에 무슨 일이?

요즘 출간된 국내의 '글자 없는 그림책' 중에서는 『아랫집 윗집 사이에』를 소개하고 싶다. 이 책은 공동주택의 층간소음에 대한 주제를 담고 있다. 앞서 소개한 『빨간 풍선의 모험』, 『나무』, 『구름공항』, 『작은 기적』이 상상의 나래를 펼친 판타지 도서라면, 국내 작가의 『아랫집 윗집 사이에』는 사실주의에 입각한 글자 없는 그림책이다.

「아랫집 윗집 사이에」
최명숙 그림, 고래뱃속, 2014

아파트로 이사 간 남매가 있는 가족은 생일을 맞아 친구들을 초대해서 파티를 연다. 신나게 놀고 있는데 아랫집 할아버지가 찾아와 호통을 친다. 할아버지의 호통 때문에 파티가 금방 끝나자 생일파티에 초대된 아이들과 남매는 울상이 된다. 늦은 밤에도 청소기를 돌리고 피아노를 치는 바람에 이후에도 계속해서 할아버지가 올라와서 호통을 친다. 엄마, 아빠는 남매의 행동을 제지하기 시작하고 남매는 의기소침해진다.

그러던 어느 날 엄마 아빠가 모두 집을 비우자, 남매는 비밀스러운 눈빛을 주고받고는 마음껏 뛰어놀기 시작한다. 할아버지가 올라올 만큼 일부러 떠들썩하게 한참을 뛰어놀던 남매는 아랫집 할아버지 생각에 신경을 쓰며 귀를 쫑긋 세운다. 그러나 생각과는 달리 "쿵!"하는 소리가 들리고 할아버지의 호통은커녕 적막만 감돈다. 걱정스러워 아랫층에 내려가본 남매는 쓰러져 있는 할아버지를 발견하고 병원으로 모신다.

그리고 시간의 흐름을 알리는 몇 장의 그림이 휙휙 지나간다. 오랜 시간이 지난 뒤, 택시에서 내리는 할아버지의 모습이 보인다. 할아버지의 겉모습은 예전의 모습 그대로다. 그러나 엘리베이터에서

『아랫집 윗집 사이에』

　공을 떨어뜨린 윗집 남매에게 얼른 공을 잡아서 건네주시는 할아버지를 보며 남매는 할아버지가 마음 따뜻한 분임을 느끼게 된다.

　이야기는 여기서 끝나지 않는다. 역시 문학작품인지라 기승전결에 따라 클라이맥스가 준비되어 있다. 남매의 가족이 사는 윗집에 새 이웃이 이사를 온다. 새로 이사온 새 이웃은 자신들이 이사와서 떠들썩하게 지냈던 만큼이나 떠들썩하게 생활한다. 집 안에서 롤러블레이드를 타고 자전거를 타며 나팔을 불어 재낀다. 남매의 엄마는 음식을 접시에 담아 그것을 들고 윗집으로 올라간다. 새로 이사온 윗집 아줌마와 남매의 엄마는 도란도란 이야기를 나누고, 아이들은 공을 들고 놀이터로 향한다. 놀이터에서 아이들이 신나게 노는 모습으로 끝이 난다.

『아랫집 윗집 사이에』는 층간소음이라는 주제를 가지고 이해와 배려로 갈등을 해소하는 과정을 잘 표현한 책이다. 그림책 속의 아파트 정경은 아파트에 사는 사람이라면 누구나 우리 동네라고 생각할 만큼 전형적으로 그려져 있다. 게다가 누구나 한번은 겪어 봤을 층간소음 문제를 다루고 있어 공감을 자아낸다.

아이들과 함께 읽는다면 호통을 치는 할아버지의 모습, 접시에 음식을 들고 윗집으로 인사하러 가는 모습 등을 비교하며 이야기를 나눌 수 있다. 그리고 공동주택에서 아이들이 어떻게 놀아야 하는지, 이웃과 더불어 살기 위해 배려해야 할 것은 무엇이고 어떻게 실천할 것인지 등 이야깃거리가 무궁무진하다. 이 책을 보면서 무엇을 느끼며 생각하는지는 오롯이 독자의 몫이다.

글자 없는 그림책은 유아들에게 부담스럽지 않고 자유롭게 이야기를 구성할 수 있는 기회를 준다. 또한 시각적으로 매력 있는 문해 자료로 활용할 수도 있고, 유아의 언어 발달을 유도하기도 한다. 그림을 보며 이야기를 자유롭게 표현하는 경험은 유아의 창의성을 개발하는 데 도움이 된다. 그림책 속 이야기와 등장인물에 대해 아이들이 감정을 드러내는 과정을 통해 정서를 파악할 수 있는 자료로도 쓰인다. 이처럼 글자 없는 그림책은 유아에게 전인적인 발달을 돕는 데 가치가 높다.

| 궁금해요! |

아장아장 우리 아기,
어떤 그림책을 읽어줄까?

태어나서 24개월, 혹은 36개월까지의 아이를 대상으로 만들어진 그림책을 영아용 그림책이라고 한다. 영아용 그림책은 페이지 수가 많지 않으며, 주로 아이 주변의 친숙한 사람과 사물, 의인화된 동식물을 소재로 다룬다. 줄거리는 대개 시간의 흐름을 따라 단순하게 구성되어 있고, 주제는 아이 주변에서 흔히 접하는 사물이나 인물의 명칭, 생활 습관, 자조 기술, 간단한 수 개념 등을 담고 있다.

영아용 그림책의 특성은 아이가 물고 빨아도 안전한 헝겊책, 독성이 없는 비닐 재질의 목욕책, 튼튼한 보드북 등 재질과 형태가 다양하다는 점이다. 색은 대부분 원색을 써서 밝고 경쾌한 분위기로, 한두 단어 옆에 그림을 그려 글과 그림이 쉽게 연결 지을 수 있도록 되어 있다.

영아 대상의 그림책에서 그림은 아이들이 보기에 관심을 갖도록 매력적이고, 무엇을 나타내는 것인지 명확해야 한다. 그리고 내용은 어린 아이들이 익숙하게 아는 것과 그렇지 않은 낯선 것의 균형이 잘 맞아야 한다. 그리고 간단한 이야기와 함께 소리 흉내말, 모양 흉내말이 있어서 운율과 리듬을 느끼며, 단순하고 정확한 개념을 제공하는 책이 바람직한 영아용 그림책이라고 말할 수 있다.

1. 오감을 자극하는, 헝겊 그림책

『뽀로로의 신나는 하루』
키즈아이콘 편집부 지음, 키즈아이콘, 2010

걸음마 아기들에게 좋은 그림책은 아이의 신체발달에 적합하고, 좋은 그림책을 만들어내는 저자와 일러스트레이터가 만든 책, 튼튼하며 안전하고 위생을 고려한 책, 재질에 독성이 없는 책이다. 무엇보다 영아용 헝겊그림책은 촉각에 부드러운 자극을 주며, 안전하고 또한 위생적이어야 한다.

처음부터 여러 종류의 책을 사주기보다는 아이의 반응을 관찰하며, 흥미를 갖는 주제를 알아내어 하나씩 하나씩 추가하여 구입하기를 권한다. 아이가 헝겊책을 갖고 있는 것이 중요한 것이 아니라, 부모가 아이와 함께 책을 보며 이야기를 들려주고, 아이가 반응하는 것에 대해 피드백을 해주며 상호작용하는 것이 중요하다는 사실을 잊지 말자.

> **추천 도서**
>
> - 『바스락 바스락 아기 헝겊책』, 애플비 편집부, 애플비, 2010
> - 『아기 헝겊책 — 꿈꾸는 자동차』, 꿈꾸는달팽이 편집부 글·유현숙 그림, 꿈꾸는 달팽이, 2014
> - 『혼자서도 잘 해요』, 애플비 편집부, 애플비, 2011
> - 『누구야? 숫자놀이』, 프란체스카 페리 지음, 문학동네어린이, 2008
> - 『손가락 인형놀이 빨간 모자』, 프란체스카 페리 지음, 문학동네어린이, 2008

2. 목욕 시간이 즐거워지는, 목욕 그림책

『새끼 악어가 엄마를 찾아요』
에미리 하야시 지음, 보림큐비, 2007

"엄마! 꽉꽉!"

하얀 비누 거품이 코 끝에 묻어 있는 줄도 모르고 마냥 신나서 목욕을 하는 모습은 정말 사랑스럽다. 포동포동 살이 오른 아이의 팔과 다리를 씻길 때, 부모로서 더더욱 행복을 느끼는 순간이다. 목욕하는 시간을 더욱 즐겁게 가질 수 있도록 목욕 그림책을 이용해보자.

목욕 그림책은 목욕을 좋아하는 아이는 물론, 목욕을 싫어하는 아이도 즐겁게 목욕할 수 있도록 이끌어준다. 목욕을 하며 엄마의 부드러운 손길을 느끼고, 그림책을 함께 하며 도란도란 이야기를 나누는 시간을 자연스럽게 가질 수 있다. 향긋한 비누 향기 속에서 엄마의 다정한 손길을 느끼고, 다정한 엄마의 목소리를 들으며 알록달록 예쁜 그림책을 본다면, 아가의 오감을 자극하는 멋진 시간이 될 것이다.

추천 도서

- 『이야기 목욕책』, 블루래빗 편집부 글·맥신 리 그림, 블루래빗, 2015
- 『찰방찰방 아가손 목욕책』, 애플비 편집부, 애플비, 2010
- 『뽀로로 목욕놀이』, 키즈아이콘 편집부, 키즈아이콘, 2015
- 『장난감 목욕책』, 애플비 편집부, 애플비, 2012

3. 배변 훈련에 도움이 되는 그림책

아기가 배변을 조절할 수 있다는 것은 심리적·육체적으로 성장하는 것을 의미한다. 대소변 가리기는 아기들마다 개인적인 차이가 커서 빠르게는 24개월에 가리는 아이도 있지만, 그 이후에 가리는 아이들도 많다. 대개 만 3세 정도가 되면, 잠자기 직전에 소변을 보면 밤에도 실수를 하지 않고, 대변도 스스로 잘 가린다.

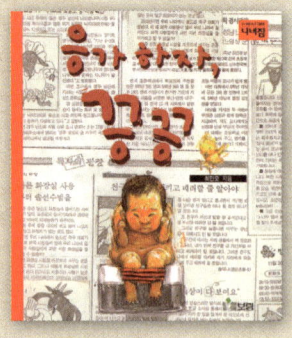

『응가 하자, 끙끙』
최민오 지음, 보림, 2001

배변은 특별한 장애나 질병이 없는 한 아기들의 발달과정 중 꼭 완수해 내어야 하는 기본 영역이다. 아이의 배변 훈련은 아이의 정서에 많은 영향을 준다. 다른 아이들보다 배변훈련이 늦어서 기저귀를 차고 있게 되면, 엄마로서 초조한 마음을 갖게 된다. 그렇다고 해서 아이에게 야단을 치거나, 지나치게 강요를 하면, 아이는 더욱 당황하여 대소변을 가리는 것이 어려워진다.

대소변을 보는 것이 자연스러운 것이 아니라 스트레스를 받는 일이 되어버린다면 아이의 심리, 정서 발달에도 영향을 미친다. 화장실을 싫어하는 아이에게는 아이의 흥미를 끌어낼 수 있는 장난감 등을 화장실에 매달아 자연스럽게 사용하도록 유도하는 것도 좋은 방법이다.

이때 배변 훈련과 관련된 그림책은 아이에게 큰 도움을 준다. 그림책의 주인공이 기저귀를 떼고 혼자 배변할 수 있게 되는 과정을 보면서 자연스럽게 배변 학습이 된다. 특히 아기가 변기에 앉는 것을 싫어하는 경우라면 이러한 종류의 책을 보면서 변기와 친숙해지는 데 도움이 될 것이다.

> **추천 도서**
> - 『뿡뿡! 뽀로로와 응가 해요』, 키즈아이콘 편집부, 키즈아이콘, 2014
> - 『똥이 뿡! — 배변 습관 사운드북』, 블루래빗 편집부, 블루래빗, 2015
> - 『쉬야, 똥아!』, 양승현 글·김미선 그림, 꿈꾸는달팽이, 2014
> - 『공주님의 화장실』, 조재은 글·윤성희 그림, 애플비, 2011

4. 언어 및 인지발달에 도움이 되는 그림책

『까꿍 찾았다』
이연실 지음, 장수하늘소, 2010

아이가 24~36개월에 접어들면 신체적으로 얼마든지 스스로 이동이 가능하고, 눈과 손의 협응력이 향상되며 조작기술이 증진된다. 또한 인지면에 있어서 영상적 표상 단계에 접어들며, 언어능력이 많이 향상된다. 영상적 표상 단계란 신체적 성숙과 인지적 발달로 인해 그림책이라는 영상적 표상을 이해할 수 있는 시기를 말한다.

시중에 나와 있는 많은 그림책은 단순한 글과 그림의 조합이 아니라, 시각과 언어라는 두 가지 수준의 의사소통 결합이라고 표현할 수 있다. 책을 매개로 언어적 경험을 통하여 언어발달을 도울 수 있으며, 생활 경험 및 정서 등 다양한 주제의 책 읽기를 통하여 독자로서의 자신감을 키울 수 있다. 아이들이 주변 세계에 대하여 호기심을 갖고 열심히 탐색하며 "이게 뭐야?", "왜 그래?"라는 질문을 많이 하는 아이로 키우고 싶다면, 좋은 그림책을 많이 경험하도록 하자.

> **추천 도서**
>
> - 『모양이 좋아요』, 애플비북스 편집부, 애플비, 2013
> - 『누구게?』, 세바스티앙 브라운 지음, 시공주니어, 2011
> - 『누가 숨었지?』, 애플비 편집부, 애플비, 2007
> - 『손가락으로 콕콕』, 꿈꾸는달팽이 편집부 글·최연주 그림, 꿈꾸는달팽이, 2013
> - 『핑크퐁 CD북 ― 말놀이동시』, 삼성출판사 편집부, 삼성출판사, 2015
> - 『123 시장 놀이』, 엄미랑 글·최혜인 그림, 시공주니어, 2009

3장

그림책을 읽고 자라는 아이들

의사소통 능력을 쑥쑥 키워주는 그림책

"엄마, 친구들이 나하고 안 놀아줘" "아빠, 내 옆에 앉은 아이가 자꾸 놀려" 하고 울먹이며 도움을 요청하는 아이가 있다면 『만지지 마, 내 거야!』를 읽어보길 바란다. 유치원이나 어린이집에서 사회생활을 처음 시작하는 아이들이 친구 때문에 화나고 속상할 때 어떻게 해야 하는지 갈등의 상황과 더불어 바람직한 해결 방법을 제시한 책이다. 이 책의 작가 유희정은 유아교육을 전공한 전문가로서, 유치원에서 어린이들과 생활한 경험을 바탕으로 집필하였다. 이 책만큼은 자녀와 함께 이야기를 나누며 감상하는 시간을 충분히 가져 의사소통의 중요성을 배워보길 바란다.

갈등 상황 1. 친구를 먼저 인정하며 배려해야 해!

유치원에서 그림 그리기 활동을 열심히 하고 있는데, 그림을 제법 잘 그리는 짝꿍이 "너는 그림을 참 못 그리는구나! 강아지가 괴물 같아!" 하며 비아냥거린다면 어떻게 대응해야 할까.

이 책에서는 그런 상황에 대한 대응 방법으로 선생님께 일러바치는 장면, 친구와 맞서 싸우는 장면, 화가 나서 스케치북 종이에 낙서를 하는 장면 등이 나온다. 그러나 그 다음 장면을 넘기면, "아하!"가 저절로 나오는 바람직한 대처 방법을 제시한다.

『만지지 마, 내 거야』
유희정 글·혜경 그림, 휴먼어린이, 2012

짝꿍과 다투지 않고 멋진 친구가 되는 방법은 내가 먼저 짝꿍을 인정하고 배려해주는 것이다. 내가 먼저 올바른 모습을 보여준다면 짝꿍도 안하무인격으로 대하지는 않을 것이다. 구체적으로 예를 들면 "친구야, 너는 참 그림을 잘 그리는구나. 어떻게 그렸니? 나도 좀 가르쳐 줘" 하고 내가 먼저 인정하고 배려하면 그 아이는 자기 행동을 부끄러워하며 좋은 친구가 되려고 노력할 가능성이 크다.

갈등 상황 2. 차근차근 나의 생각을 표현하렴!

놀이터에서 놀이기구를 타기 위해 줄을 서서 기다린 끝에 드디어 차례가 되어서 놀이기구를 탔다. 그러나 일이 생겨서 잠깐 내려왔는데, 뒤에 있던 친구가 얼른 놀이기구를 타고 있다면 얼마나 난처하고 속상할까. 이때 할 수 있는 대응 방법은 소리치며 울면서 내리라고 한다, 내려온 것이 내 잘못이니까 그냥 그 친구가 다 타고 놀 때까지 기다린다, 힘센 형을 데리고 와서 타고 있는 아이에게 겁을 준다 등 다양한 행동이 예상된다. 그러나 책의 부제처럼 '울지 않고 다투지 않고 멋진 친구가 되는 법'은 뭘까?

작가가 권하는 방법은 자신의 생각을 차근차근 말로 표현하는 것이다. 이 상황을 좀 더 구체적으로 표현하면 "친구야, 내가 이 놀이기구를 타려고 아까부터 기다리고 있었어. 그래서 기다렸다가 겨우 탔는데, 그만 콧물이 나오잖아? 그래서 코를 닦고 오느라 놀이기구를 못 탔어. 미안하지만 내가 먼저 타면 안 될까?" 이렇게까지 구구절절 상황을 이야기한다면 상대방도 양보할 생각을 해 볼 것이다.

갈등 상황 3. 친구에게 부탁할 때에는 예쁜 목소리로!

내가 인형을 가지고 놀고 싶은데 짝꿍이 인형을 몽땅 차지하고 있

『만지지 마, 내 거야!』

으면, 어떻게 해야 할까? 부모교육 시간에 이런 상황에 아이가 놓여 있다면 어떻게 행동하라고 가르칠 건지 물어본 적이 있다. "욕심 부리면 안 돼. 그러면 나쁜 아이야. 나도 하나 줘" 하고 당당하게 말하라고 시킨다는 의견이 제일 많이 나왔다. "그 인형이 뭔지 알아내서 그냥 하나 사줘버린다"라는 의견이 나와 웃음바다가 되기도 했다. 그 밖에도 선생님께 이르거나, 인형을 뺏어오거나, 인형을 뺏기기 전에 미리 안전한 곳에 인형을 숨겨 놓는다는 등 여러 의견이 나왔지만, 선뜻 최고의 방안으로 제안하기에는 부족한 점이 있었다. 과연 이 그림책에서는 어떤 방법을 제안할지 궁금한 마음을 갖고 기대하며 책장을 넘겼다.

역시 기대를 저버리지 않았다. "그 친구에게 예쁜 목소리로 부탁을 한다!" 글을 읽으며 어린 아이들에게 예쁜 목소리가 무엇인지, 어떻게 해야 예쁜 목소리인지 물어보았다. 그랬더니 뜻밖에도 아이들은 그 예쁜 목소리의 기준을 잘 알고 있었다. "친구야, 두 개를 갖고 있구나. 나도 하나 가지고 놀고 싶은데, 줄 수 있니?" 상대방의 기분을 고려하여 듣기 좋은 목소리로 가다듬으며 말하는 아이들을 보며 나는, 이 책이 유아기 아이들에게 양서로 부족함이 없다는 확신을 갖게 되었다.

갈등 상황 4. 내가 잘할 수 있는 것을 알려주렴!

아이들끼리 무리를 지어 소꿉놀이를 하면서 끼워주지 않는다면 정말 난처하고, 속상할 것이다. 이 그림책은 내가 그런 상황에 놓였다면 어떻게 해야 할지 생각해보게 한다. "나도 끼워줘. 선생님이 사이좋게 놀라고 했잖아"라고 말해도 같이 놀아주지 않으면 더욱 속상한 마음이 들 것이다. 결국 선생님께 도움을 요청해서 "선생님, 친구들이 저랑 같이 안 놀아줘요"라고 말해, 선생님께서 그 친구들에게 "여러분, 친구와도 같이 놀아요"라고 중재해서 같이 놀게 되어도 마음은 편하지 않을 것이다. 정말 이런 상황일 때, 어떻게 문제를 해결해야 할지 개인적으로도 무척 궁금하였다. 왕따를 겪는 아이가 느끼는 어려움은 어린 아이 스스로 풀어내기에는 너무나 큰 숙제인 것 같기에 생각조차 포기하고 과연 이 글을 쓴 분은 어떤 묘책이 있는 것인지 얼른 뒷장을 넘겼다.

역시 "아하!" 감탄사가 절로 나왔다. 유희정 작가의 제안을 참고하여, "너희들 소꿉놀이를 하는구나. 재미있겠다. 나도 하고 싶은데…. 나는 옆집 아줌마 흉내 잘 내는데, 내가 옆집 아줌마 해줄까?" 또는 "너희들 집을 멋지게 만들었구나. 참 예쁘다. 나는 창문을 더 예쁘게 꾸밀 수 있는데, 내가 창문을 꾸며볼까?" 이렇게 말을 한다면 그 친구들이 어떻게 반응을 할지 자못 궁금하다. 아마도 "그래? 우리 같이 놀자. 너도 들어와"라고 말할 가능성이 크지 않을까?

유아의 누리과정 교육과 그림책의 가치

유치원이나 어린이집에서 만 3세부터 만 5세 유아를 대상으로 교육할 때에는 나라에서 권하는 누리과정 교육에 입각하여 실행해야 한다. 그중 의사소통 영역에서 말하기는 "자신의 느낌, 생각, 경험을 적절한 낱말과 문장으로 말한다. 듣는 사람의 생각과 느낌을 고려하여 바른 태도로 말하는 것"을 목표로 한다. 울음 섞인 목소리로 칭얼거리며 말하거나 말 대신에 몸으로 생각을 표현하는 것은 금기 사항이다. 유아교육기관에서는 어린 아이라 할지라도 사회생활을 시작하는 장에서 지켜야 할 예의와 올바른 행동에 대해 가르친다.

　유아들은 책을 통해 자신감과 자기 통제력을 갖게 된다. 자신감과 자기 통제력은 지적인 능력과 정서적 안정감이 통합되어 나타난다. 즉, 지적인 능력이 있어도 정서적 안정감이 없다면 자신감과 자기 통제력은 기대하기 어렵다. 유아들은 책을 통하여 새로운 사람들을 만나고, 새로운 환경을 만나고, 새로운 문제 해결의 방법을 배운다. 이것들은 유아들이 이미 가지고 있는 지식과 기술들에 합쳐지고, 걸러지고, 변화되어 하나의 새로운 능력으로 통합 발전한다. 이 통합된 능력은 책을 읽으면서 느끼게 되는 정서적인 안정감과 통합을 이루게 된다.

　따라서 그림책은 혼자 읽히는 책이 아니라 읽어주어야 하며, 아이에게 책을 읽어줄 때는 미소 지으며 기분 좋은 분위기를 조성해야 한다. 유아들은 자신이 사랑을 받고 있음을 확인할 수 있을 때 가장 정서적인 안정감을 느낀다. 이 정서적 안정감은 유아들이 가지고 있는 지적 능력과 통합되어 자신감과 자기 통제력으로 발전함을 명심해야 한다.

그림책과 함께하는
유아 성교육

"우와, 보인다 보여." 아기가 엄마의 배 속에서 배꼽 구멍으로 세상 구경을 하며 속삭인다. 아기는 세상 밖으로 나가기를 손꼽아 기다리고, 가족들은 아기를 만날 준비를 한다. 할아버지, 할머니는 멋진 이름을 준비해놓고, 아빠는 태어날 아기를 위해 환영의 노래를 준비한다. 엄마는 맛있는 음식을 골고루 먹어서 아기가 무럭무럭 튼튼하게 잘 자라 세상 밖으로 나오길 바란다. 오빠는 태어날 동생을 생각하며 로봇을 만들어주려고 선물을 준비한다. 『배꼽 구멍』은 장면마다 사랑이 넘치는 따뜻한 이야기를 담은 그림책이다.

 이 책을 읽다 보면 더욱더 궁금한 마음에 유아들은 "아기는 어디서 나와요?" "아기는 어떻게 나와요?" 등의 질문을 한다. 이럴

「배꼽 구멍」
하세가와 요시후미 글·그림, 비룡소, 2011

때는 연령에 맞춰서 이야기를 들려준다. 다섯 살 이하의 유아들에게는 "엄마 배 속에서 아기가 자란단다. 그러다가 다 자라면 의사 선생님의 도움을 받아 세상으로 나오게 된단다."

그러나 호기심을 갖고 더 알기를 바라는 예닐곱 살 유아에게는 "엄마의 배 속 자궁이라고 하는 특별한 곳에서 아기가 자란단다. 자궁은 아기를 위해 특별히 마련된 방이어서 아기가 아주 편안하게 있을 수 있지!"라고 설명한다. 이 말을 듣고 '혹시 엄마가 먹은 음식물과 섞이지 않을까' 하는 엉뚱한 생각으로 걱정하는 아이의 표정을 보면 저절로 미소가 지어진다. 유아교육기관의 선생님으로부터 이미 성교육을 받은 경험이 있는 아이는 도리어 나에게 가르쳐주기도 한다. "선생님, 아기는 엄마의 다리 사이에 있는 길로 나온대요. 대변과 소변이 나오는 길이 있는 것처럼 아기가 나오는 길이 따로 있어요."

유아의 성교육

유아교육기관에서 실시하는 성교육은 유아에게 성에 대해 올바르고 건전한 태도와 가치관을 심어주어 일상생활에 필요한 기본 습관을 기르는 데 목표를 둔다. 세부적으로는 신체의 청결이나 안전 규칙을 유지하는 생활 태도를 통하여 다른 사람과의 관계 및 사회생활을 유지할 수 있도록 가르친다. 또한 남녀의 신체나 생리적인 차이와 특성을 이해하고 남녀평등과 신뢰 및 협력을 기반으로 하는 태도와 지식을 교육한다. 그리고 성폭력에 대한 예방과 대처방법에 대한 지식을 습득함으로써 건전한 성의식과 태도를 갖게 한다.

성에 대한 의식은 유아기부터 싹트기 시작하고, 그것을 바탕으로 계속적으로 일정한 발달과정을 거치기 때문에 건강한 남성과 여성으로 성장하기 위해서는 유아기부터 자신의 성을 인식하고, 다른 사람의 성을 존중하는 것이 중요하다.

유아 성교육은 단순히 성에 관한 지식을 가르치는 것이 아니라, 인간 존중의 교육을 뜻한다. 남녀가 제각기 지니고 있는 특성과 역할을 이해하고 평등, 협력, 존중, 신뢰를 바탕으로 인간으로서 행복한 생활을 할 수 있도록 도와주는 것이다. 그리고 성에 대한 올바른 태도를 형성하고 더불어 이성을 존중하는 의식과 감정을 갖도록 도와주는 전인적인 교육을 의미한다.

그러므로 유아들에게 신체에 관한 지식, 성역할 개념, 결혼과 출생과정, 성적학대와 성폭력 예방교육, 기본생활습관 및 청결교육, 남녀의 성차 인식 등의 교육 내용을 포괄적으로 담아서, 유아교육기관에서는 '성기중심교육' '성역할교육' '성도덕교육' 프로그램(보육시설연합회, 서울특별시)을 실시하고 있다.

성기중심교육 관련 그림책

성기중심교육에서는 주로 남녀 신체의 차이, 생식기의 명칭, 올바른 대소변 배설 및 청결, 유아와 성인의 신체 차이, 임신과 출산과 관련된 내용을 다루며, 아이가 어떻게 태어나는지 설명하는 과정을 구체적으로 알려준다. 1997년도 비룡소출판사에서 출간된 성교육 시리즈 가운데 『나는 여자, 내 동생은 남자』(정지영·정혜영 지음)는 점점 달라지는 여자와 남자의 신체 비교를 중심으로 한 내용이 담겨 있다. 한림출판사 역시 같은 시기에 『벌거숭이 벌거숭이』를 출간하였으며, 남자와 여자의 신체 구조와 성장, 명칭에 대한 내용을 표현하는 데 주력하였다.

한편 보림출판사에서 출간한 『엄마가 알을 낳았대!』는 아주 파격적으로 아이를 갖게 되는 부부관계를 구체적으로 나타내어 아이들의 호기심을 충족시키면서도 밝고 건강한 성의 느낌이 들도록 표현하였다. 오늘날 유아 성교육 그림책은 남녀 신체 차이 또는 아이와 어른의 신체 차이를 설명하는 것에서 벗어나 훨씬 더 구체적이고 사실적인 그림을 담고 있다. 성기의 명칭에 대해서도 음경, 음순, 음낭, 정자, 난자 등 유아 성교육에 정확한 명칭을 사용하는 경향이 주류를 이룬다. 임신과 출산의 전 과정을 조산사의

『벌거숭이 벌거숭이』
야규 겐이치로 글·그림, 한림출판사, 1997

『엄마가 알을 낳았대!』
배빗 콜 글·그림, 보림, 2007

도움을 받아 집에서 온 가족이 함께 치러내는 이야기를 담은 『우리 집에 아기가 태어나요』(이토 에미코 지음, 애플비, 2006)도 성기중심교육의 하나로 볼 수 있다.

성역할교육 관련 그림책

'성역할'이라는 주제에 보다 쉽고 편안하게 접근하는 방법으로도 그림책이 자주 이용된다. 유아는 친근하고 재미있는 그림책을 통해서 긍정적인 성역할에 대한 지식을 받아들인다. 유아의 성역할교육에 대표적인 작품은 『종이 봉지 공주』, 『돼지책』이며, 최근에는 '구성애와 뽀로로가 함께하는 유아 성교육 그림책' 시리즈 중에서 『말괄량이 백설공주와 뽐쟁이 왕자』(구성애, 조선학 글·일러스

『종이 봉지 공주』
로버트 먼치 글·마이클 마르첸코 그림, 비룡소, 1998

『돼지책』
앤서니 브라운 글·그림, 웅진주니어, 2001

티 그림, 올리브엠앤비, 2013)가 있다. 유아기는 극단적으로 엄격한 성역할이 고정관념화되는 시기이다. 하지만 초등 저학년 이후로는 성역할에 융통성을 보이며 거부하는 단계가 오기 때문에 유아가 성역할에 대하여 고정관념이 심하다고 해서 억지로 고치려고 하거나 걱정할 문제는 아니다.

성역할교육은 양성평등을 주제로 담고 있다. 남녀평등의 성역할과 상대의 성을 존중하고 인정하는 교육으로서 유아들에게 남자는 남자다운 것, 여자는 여자다운 것을 강조하는 것이 아니라, 성에 대해 편견이나 차별을 배제하는 것이다. 특히 유아들은 그림책을 듣거나 읽고, 그에 따른 상황에 대해 이야기 나누기 활동을 통해 성역할에 대한 전반적인 지식을 얻을 수 있다.

성도덕교육 관련 그림책

21세기가 되면서 컴퓨터의 사용이 일반화되고, 성교육이 사회적 이슈로 떠오르면서 성인들의 성뿐만 아니라 유아들의 성에 대해서도 관심을 많이 갖게 되었다. 최근 들어서는 컴퓨터뿐만 아니라 스마트폰의 사용이 급속도로 늘면서 어린 연령의 아동들도 성에 대해 자극적이고 부정적인 정보에 쉽게 노출되고 있다. 그에 따라 유아들에게 도 왜곡된 성 지식과 부정적인 상황에 대하여 어떻게 대처해야 하는지, 적절하고 바람직한 성교육에 대한 대안으로 그림책과 함께 하는 성도덕교육이 실시되는 추세다.

『나쁜 어른들로부터 나를 지켜요!』
이진희 글·그림, 푸른숲주니어, 2012

유아의 성도덕교육은 자신을 사랑하는 동시에 타인을 존중하는 것으로 성폭력 방지, 성기 장난 금지, 성 관련 문제행동, 나쁜 접촉에 대한 거부 표현과 관련된 교육을 말한다. 예를 들면 성도덕과 관련된 것으로, 유아들이 병원 놀이나 엄마 아빠 놀이를 할 때 직접적인 몸 놀이가 아닌 시늉만 해야 함을 주지시키고 있다. 또한 예전에는 다루어지지 않았던 유아 자위에 대해서도 유아와 이야기 나누며 해결 방안을 찾기도 한다. 더불어 성폭력 예방교육과 성폭력이 일어났을 때 대처하는 방법을 구체적으로 교육한다.

　이와 관련된 대표적인 그림책으로는 『나쁜 어른들로부터 나를 지켜요!』가 있다. 또한 '구성애의 뽀로로가 함께하는 유아 성교육 그림책' 시리즈(올리브M&B, 2012) 중에서 성폭력 예방을 담은 『놀이터에 도깨비가 있대!』, 유아의 자위 행동에 대한 이야기를 담은 『호야는 똥침쟁이』 등이 있다.

나는 날 낳아준 엄마와 날 키워준 엄마가 있지!

"유아를 대상으로 다문화, 반편견 교육을 하려고 하는데, 어떤 책을 보여주면 좋을까요?" 유아교육기관 선생님들이 조언을 구할 때, 선뜻 추천하는 책이 있다. 바로 『엄마 아빠가 생긴 날』이다. 제이미 리 커티스가 글 작가로 유명하다든지, 로라 코넬의 그림이 유난히 돋보여서라기보다는 '입양'이라는 주제를 유아의 눈높이에 알맞게 잘 표현했기 때문이다. 비록 10년 전에 출간되었지만, 지금 보아도 내용이 아주 참신해 보이는 매력적인 책이다.

특히 앞표지 그림이 독자의 호기심을 자극한다. 일반적으로 유아용 책들은 표지에 주인공의 앞모습을 예쁘게 담으려고 애쓰는데, 이 책은 주인공이 까만 밤하늘에 총총히 박힌 별을 보고 있는

「엄마 아빠가 생긴 날」
제이미 리 커티스 글·로라 코넬 그림, 비룡
소, 2005

뒷모습을 보여주고 있다. 그래서 인지 얼른 책장을 넘겨 주인공의 얼굴을 확인하고 싶은 마음이 든다. 왕관을 쓰고 엄마의 목도리를 빌려서 역할놀이를 열심히 하고 있는 이 여자아이는 도대체 누구일까?

이 책은 처음 읽었을 때는 조금 당황스러우면서 제대로 이해가 되지 않았다. 첫 장에서 "내가 태어났던 날을 얘기해 주세요. 엄마 아빠는 새우처럼 등을 꼬부리고 자고 있었어요? 아빠는 코를 골았나요? 한밤중에 내가 태어난 걸 알리는 전화가 왔었지요? 엄마 아빠는 기뻐서 아주 크게 소리 질렀다고요?"로 이야기가 시작되기 때문이다.

유아용 도서는 대개 특별한 배경지식 없이 보아도 '아, 이런 내용이구나' 하고 쉽게 이해되는 편인데, 이 책은 아무런 정보 없이 읽다 보면 '뭐야 이거?'라는 느낌이 들 수 있다. 현재 시점에서 과거를 회상하며 이야기를 이끌어가는 구조이기 때문이다. 끝까지 다 읽고 나야 비로소 '입양된 소녀의 입을 통해 들려주는 가슴 따뜻한 가족 이야기'라는 점을 강조한 출판사의 서평이 이해된다. 그리고 자연스럽게 제목이 왜 '엄마 아빠가 생긴 날'일 수밖에 없는지 고개를 끄덕이게 된다.

비범을 평범으로 바꾸는 마법의 책

가족형태가 다양한 현대사회를 살아가는 아이들에게 전형적인 가족의 모습만을 가르칠 수는 없다. 현대사회에 새롭게 나타난 비전통적 가족 형태는 한부모가족, 입양가족, 이혼가족, 재혼가족, 조손가족, 다문화가족 등이 있다. 따라서 혈연으로 맺어진 할아버지, 할머니, 엄마, 아빠의 전통적인 가족만 존재하는 게 아니라, 다양한 형태의 가족이 있음을 어릴 때부터 가르침으로써 편견을 없애고 다양성을 수용할 수 있도록 해야 한다. 가족의 형태는 언제든 변할 수 있고, 가족 구성원 간에 서로를 보듬고 감싸 안아줄 수 있는 행복을 느끼는 것이 중요함을 알도록 해야 한다.

『엄마 아빠가 생긴 날』에는 이런 주제를 어린 독자가 충분히 이해할 수 있게 도와주는 장면이 있다. 바로 주인공이 '아빠와 날 낳아준 아빠, 엄마와 날 낳아준 엄마'의 얼굴을 그린 '우리 가족 가계도'이다.

"엄마는 왜 아기를 못 가졌는지 얘기해 주세요. 나를 낳아 준 엄마는 나를 기르기에는 너무 어렸다고요? 그래서 엄마 아빠가 나를 입양해서 내 부모님이 됐다고요?" 나는 너무나 솔직한 주인공의 표현에 당황스러웠다. 생각해보니 누가 시킨 것도 아닌데 '입양'이라는 말을 은밀하고 조심스럽게 사용해야 하며, 입양아가 마음의 상처를 받지 않도록 배려해야 한다는 무의식이 있었나 보다.

그래서인지 마치 "뭐가 어때서? 편히 얘기해도 돼. 난 입양아야"라고 당당하게 외치는 듯한 주인공을 보고, 그런 내 마음이 부끄럽고 한편으로는 자유로워지는 듯한 느낌이 들었다.

유아의 다문화 및 반편견 교육의 핵심은 가족의 형태는 다르지만 모든 가족은 서로 사랑하고 그런 가족이 있어 행복함을 깨닫도록 하는 데 있다. 그림책을 활용하여 유아들이 다양성을 인정하고 나와 다름에 대해 편견을 갖지 않고 긍정적으로 수용하며, 다양한 사회, 문화, 가족 등에 대한 관심을 갖도록 교육하도록 하자.

주제 환상극 놀이 활동을 중심으로

주제 환상극 놀이는 유아가 그림책 속의 등장인물이 되어서 내용에 포함된 인물, 사건, 배경, 문제해결과 같은 이야기의 구성요소를 가작화하는 놀이이다. 주제 환상극 놀이는 상징놀이, 상상놀이, 가상놀이, 사회극 놀이, 극화놀이, 주제 환상극 놀이 등 다양한 용어로 표현할 수 있다.

주제 환상극 놀이는 그림책을 통해 유아가 그림책 속 인물의 입장에서 여러 감정들을 느껴보고 심리적인 공감대를 형성하도록 하는 교육활동이다. 성인 또는 또래와 역할극 놀이를 함으로써 사회성과 상상력, 창의력, 언어발달 및 지적발달을 향상시킨다. 유아들은 이러한 활동을 통해 즐겁고 자연스럽게 자신의 생각을 또래와 공유하고 표현하는 기회를 가지면서 자신감과 긍정적 자아개념을 획득하고, 편견을 포함한 다양한 문제 상황에 직면해봄으로써 편견에 대응할 수 있는 역량을 키울 수 있다.

『엄마 아빠가 생긴 날』로 주제 환상극 놀이를 할 경우, 주인공의 그림을 그리거나 오린 후, 막대기를 붙여서 막대인형을 만들어 더욱 실감나게 놀이를 할 수 있다. 또는 빈 병에 등장인물의 캐릭터를 붙여서 아이와 함께 역할놀이를 해도 좋다.

유아의 독서지도는 결과보다는 과정이 중요하다. 독서기록장 또는 독후감을 억지로 쓰게 하기보다는 사랑스러운 눈빛으로 바라보며 다정다감한 목소리로 이야기를 나누는 시간을 가지며 아이와 함께 아름다운 추억 만들기를 권한다. 또한 이 책을 보고 난 뒤에 아이와 함께 성장 앨범을 찾아서 같이 보기를 권하고 싶다. 어느새 아이에게도 추억이 된 탄생의 순간에서 지금까지의 이야기가 담긴 사진을 보며 도란도란 이야기를 나누는 것, 그 자체가 행복이 피어나는 최고의 독서지도이다.

같은 주제로 사고의 확장을 돕는 『초코 엄마 좀 찾아 주세요』

독후활동에는 리텔링하기, 독후화 그리기, 주제 환상극 놀이 활동 등만 있는 게 아니다. 같은 주제의 다른 책을 읽고 이야기를 나누면 시너지 효과를 낼 수 있다. 『엄마 아빠가 생긴 날』과 판타지

『초코 엄마 좀 찾아주세요!』
게이코 가스자 글·그림, 보물창고, 2006

요소를 가미한 우화 형식으로 이루어진, 게이코 가스자의 『초코 엄마 좀 찾아 주세요!』를 함께 읽는다면, 유아들에게 사고의 폭을 더욱 넓힐 수 있다.

『초코 엄마 좀 찾아주세요!』는 엄마를 잃은 초코가 길을 잃고 여기저기를 헤매다가 마음씨 착한 곰 아줌마를 만나면서 시작된다. 곰 아줌마는 초코에게 "내가 네 엄마가 되면 어떻겠니?"하고 묻자, 초코는 "아줌마는 나처럼 몸 색깔이 노란색도 아니고, 날개도 없고, 다리에 줄무늬도 없잖아요" 하며 가족이 될 수 없다고 이야기한다. 그런데 곰 아줌마의 집에 가자 뜻밖에도 돼지, 악어, 하마가 "엄마!"라고 부르며 곰 아줌마를 맞이한다. 곰 아줌마가 정성껏 사과파이를 만들자 아이들이 맛있게 파이를 먹고 곰 아줌마의 품에 잠드는 마지막 장면은 아주 인상적이다.

독후활동으로 아이들과 함께 뒷이야기를 꾸미면, 대다수는 초코가 아이들과 곰 아줌마와 행복하게 그 집에서 잘 살 거라고 이야기한다. 외모를 닮지 않아도 가족이 될 수 있고, 엄마와 아빠가 있어야만 가족이라는 개념에서 벗어나, 다양한 가족 형태를 수용할 수 있도록 지도하기에 아주 적합한 책이다.

아쉽게도 『엄마 아빠가 생긴 날』은 출간되었던 10년 전과 비교하면 현재에는 그리 잘 알려지지 않는 것으로 알고 있다. 이 책이 널리 알려져 스테디셀러의 반열에 올라섰으면 한다.

타인과의 의사소통을 도와주는 그림책

"엄마, 무서워!" 자녀가 낯선 누군가를 만났을 때 엄마의 뒤 허리춤에 숨어 머리를 빠끔히 내밀고 울먹울먹한다면 참 난감하다. 특히 핵가족에 익숙해 동네의 낯선 할아버지, 할머니의 모습을 보고 인사는커녕 쳐다보는 것조차 힘들어한다면 『유치원 버스 아저씨의 비밀』을 권한다.

이 책을 자녀와 볼 때는 먼저 유치원 버스 아저씨의 얼굴을 보여주라. "이 아저씨는 어떤 일을 하시는 분일까?" "이 아저씨 얼굴을 보니 어떤 기분이 드니?"라고 질문해보라. "엄마, 이 아저씨 무서워" "도둑이야?"라고 반응한다면 책의 앞표지를 보여주면 된다. "엄마, 아저씨가 버스 안에 앉아 있어"라고 앞표지의 그림을 살펴보며 이야기를 하면, "아하, 유치원 버스를 운전하시는 기사님이시구나. 그런데 책 제목이 '유치원 버스 아저씨의 비밀'이라고 쓰여 있네. 아저씨의 비밀이 무엇인지 어서 알아볼까?"라고 하며 자녀가 호기심을 갖도록 유도해보자.

겉모습만 보고는 마음을 알 수 없어요

『유치원 버스 아저씨의 비밀』
가와노우에 에이코·가와노우에 켄 지음, 키다리, 2015

유치원에 무섭게 생긴 버스 아저씨가 있다. 짙은 눈썹에 두 눈을 부릅뜨고 있는 모습을 보고 아이들은 상상한다. 과연 누구일까? 경찰 같기도 하고, 어쩌면 도둑일 수도 있다는 생각에 더 무서워한다. 그러나 그분은 바로 유치원 버스 아저씨이다. 아이들은 그 아저씨의 행동을 유심히 살펴보는데, 아저씨는 항상 심각한 표정으로 운전을 하고 운전 중에는 꼭 필요한 말만 한다. 특히 버스 옆에서 장난을 치면 아주 많이 화를 내신다. 그래서 아이들은 아저씨를 모두 무서워한다.

하지만 어느 날 아이들은 우연히 아저씨의 다른 모습을 보게 된다. 화단에 핀 튤립을 보고 미소 짓는 아저씨의 모습, 낡은 의자를 열심히 고치는 모습, 운동회날 아이들의 뛰는 모습을 보며 열심히 응원하는 모습들 말이다. 아이들은 환한 미소를 띤 아저씨를 보며 아저씨에 대한 느낌에 대해 서로 이야기를 나눈다. "아저씨는 도대체 어떤 분일까?" 그리고 아저씨의 또 다른 모습을 알게 된다. 운동회 날 아이들이 던지는 콩주머니를 피해 달아나던 도깨비가 바로 그 버스 아저씨라는 것을. 아저씨는 언제나 심각한 표정을 하고, 화를 내는 무서운 분이 아니라, 아이들 곁에서 도움 주는 자상한 분이라는 것을.

이 책의 마지막 장면은 아주 인상적이다. 글자는 없지만 많은 생각을 하게 한다. 이때 아이에게 "이 아저씨가 왜 이러고 있을까?" 질문해보길 권한다. 어른들은 당연히 아저씨가 졸업식날 아이들과의 이별이 아쉬워 눈물을 닦는 모습이라고 생각하시겠지만, 자녀들의 반응은 제각각이다. "아저씨가 손으로 눈을 가리고 있어" "눈에 뭐가 들어가서 닦고 있나 봐" "눈이 아파서 그래" 등의 반응을 보이기도 한다.

기대에 못 미치는 답을 말했다고 해서 실망하는 모습으로 자녀를 보며 "잘 봐. 졸업식 하잖니. 슬퍼서 그러는 거잖아" 하고 퉁명스럽게 말하면 안 된다. 이럴 때일수록 미소를 지으며 자녀의 이야기를 끝까지 귀담아들어 주는 자세가 중요하다. 그림책 감상은 결코 정답 맞추기가 아니다. "그림을 자세히 보니 졸업식 하는 장면이구나. 슬퍼서 그러는 건가? 아저씨가 슬퍼서 눈물을 흘리시다니. 마음씨가 정말 고우신 것 같은데?"라고 자녀에게 부모님이

「유치원 버스 아저씨의 비밀」

생각한 것을 들려주면 된다.

　여러분의 자녀가 어느새 마음이 성장하여 이 장면에서 표현되는 진정한 모습을 찾아내어 "엄마, 아저씨가 정말 착하셔. 아이들과 헤어지는 게 슬퍼서 저절로 눈물이 나오나 봐"라고 말한다면 맞장구를 쳐주면 좋다. "오, 대단한데! 엄마도 그런 생각이야. 이 책 제목이 '유치원 버스 아저씨의 비밀'이었는데, 무엇이 비밀이었는지 확실히 알겠구나" 하며 도란도란 이야기를 나눈다면 최고의 부모가 될 것이다.

이런 종류의 책을 지칭할 때 '동화책'이라는 말보다 '그림책'이라고 표현하는 것이 더 적절하다. 책을 본다는 것은 단순히 글자 읽기가 아니다. 글과 함께 그림을 감상하며 마음을 키우는 것이 진정한 유아기의 독서다. 『유치원 버스 아저씨의 비밀』을 적극 추천하는 이유는 간결한 글과 함께 그림이 아주 잘 표현되어 있기 때문이다. 유아의 인지, 심리, 정서 발달을 고려하여 잘 구성된 작품이다.

『나와 우리』 이야기 속으로

『나와 우리』는 한 권의 책이지만 두 편의 이야기를 담은 그림책이다. 책의 앞과 뒤 어느 쪽에서 시작하든 이야기가 연결되도록 만들어졌다. 내용은 주인공 분희가 낯선 동네에 이사를 와서 친구를 사귀기까지의 과정을 그리고 있다.

앞표지에서 시작되는 첫 번째 이야기는 분희의 시점에서 전개된다. 주인공 분희는 이사 가기 전, 머리카락에 붙은 껌 때문에 남자아이처럼 빡빡머리가 되었다. 그런데 머리카락이 채 자라기도 전에 다른 동네로 이사를 가게 된다. 이사 온 첫날, 골목에서 아이들의 노랫소리가 들리자 분희는 그 소리를 따라 골목으로 나간다. 아이들은 즐겁게 고무줄놀이를 하고 있었다. 같이 고무줄놀이를 하고 싶지만 친구가 없는 분희는 가만히 앉아서 구경만 한다.

『나와 우리』
이선미 글·그림, 글로안, 2013

그때 어떤 아이가 "쟤 신발 거꾸로 신었네"라고 이야기 하는 것을 들은 분희는 얼굴이 화끈거려 집으로 가서 신발을 갈아 신고 나온다. 아이들을 구경하고 있는데 다른 아이가 "쟤는 남자야? 여자야?"라고 물어보자 분희는 눈물이 나고 마음이 아프다. 시무룩하니 집으로 돌아와 방에서 혼자 고무줄놀이를 한다.

다음 날 분희는 신발도 똑바로 신고 머리띠를 하고 다시 밖으로 나간다. 아이들은 또 고무줄놀이를 하고 있다. 분희는 고무줄놀이 하는 것을 보며 친구들의 이름까지 다 외운다. 하지만 아무도 분희에게 이름을 물어보지 않자 실망해 집으로 돌아가려 한다. 바로 그때 현옥이라는 아이가 화장실에 간다는 소리가 들린다. 그리고 은아라는 아이가 분희에게 이름을 물어보며 고무줄을 잡아달라고 이야기한다. 분희는 신이 나서 고무줄을 잡아주고 현옥이가 돌아오자 큰 소리로 노래를 부르며 고무줄놀이 하는 것을 구경한다. 그러자 주희가 분희를 깍두기로 하자는 제안을 하고 아이들은 즐겁게 고무줄놀이를 한다.

뒷표지에서 시작되는 두 번째 이야기는 동네아이들 시점에서 진행된다. 즐겁게 고무줄놀이를 하고 있는데 낯선 아이가 눈에 띈다. 현옥이가 "쟤 신발 거꾸로 신었다"라고 이야기를 하자 영아는 자신도 모르게 그 아이의 발을 힐끗 쳐다보게 되었다. 그런데 이번에는 남자 이름이라고 놀림당하던 은섭이가 "쟤는 남자야? 여자야?"라는 말을 했다. 빡빡머리 아이는 그 말을 들은 듯 고개를 푹 숙이고 있었다. 은섭이는 미안한 마음이 들었다. 아이들은 고무줄놀이를 한 후, 빡빡머리 아이를 찾았지만 빡빡머리 아이는 어디에도 볼 수 없었다.

다음 날 다시 고무줄놀이를 하려고 모인 아이들은 빡빡머리 아이를 발견한다. 은아는 먼저 인사를 건네고, 빡빡머리 아이는 계속 고무줄놀이를 구경한다. 그러던 중 현옥이가 화장실을 간다고 하자 은아는 먼저 이름을 물어보며 고무줄을 잡아달라고 이야기한다. 현옥이가 돌아오자 분희는 큰 목소리로 노래를 부르고, 주희가 분희를 깍두기 시켜주자고 제안하면서 아이들은 다같이 즐겁게 논다.

입장 바꿔 생각하기, 역할놀이

피아제는 2~7세 유아를 전조작기라고 지칭하며, 이 시기의 유아들은 '자기중심성'이 강하다고 하였다. 즉 유아가 다른 사람의 생각이나 관점, 감정을 충분히 이해하지 못하고, 자신의 관점과 다른 사람의 관점이 동일하다고 가정하는 것이다. 또한 어떤 상황에서 다른 여러 요소들을 무시하고 한 가지 측면에만 초점을 맞추거나 주의를 집중시키는 경향이 있다고 하였다.

그러나 유아들도 그림책을 보며 맥락 속에서 상황을 인지하고 상대방의 마음을 이해하며 조금씩 자기중심성에서 벗어나 조망하고 수용할 수 있다. 특히 역할놀이를 통해 주인공의 마음, 친구들의 마음을 더욱 이해할 수 있다. 『나와 우리』는 유아의 입장에서 심리를 잘 묘사하여 구성한 것이 돋보인다. 이 책을 보고 난 뒤에 분희의 입장과 동네 아이들의 입장을 번갈아가며 역할놀이를 해 보면 좋은 시간이 될 것이다.

언어지도에
도움이 되는 그림책

자녀가 띄어쓰기에 관심을 가지길 바란다면 『왜 띄어 써야 돼?』를 먼저 권하고 싶다. 취학 전 유아의 눈높이에 맞춰 내용이 구성되어 있어서 띄어쓰기에 대해 쉽게 이해할 수 있기 때문이다. 한글 맞춤법 띄어쓰기 규정에 의하면 "문장의 각 단어는 띄어 씀을 원칙으로 한다"로 규정되어 있다. 명쾌하게 단 한 줄로 띄어쓰기를 제안하고 있으나 실제로 띄어쓰기를 실행하는 과정에서는 어른들마저 어려움을 겪는다. 다행히도 취학 전 아이들에게 띄어쓰기에 대한 중요성 및 방법을 자연스럽게 알려주는 『왜 띄어 써야 돼?』가 있어 여기에 소개한다.

앗, 엄마가 가방에 들어가셨네!

띄어쓰기 때문에 선생님에게 혼이 난 주인공은 띄어쓰기 따위는 모두 없어져버렸으면 좋겠다고 생각한다. '조방 귀금속'이라는 간판도 '조 방귀 금속'이라고 마음대로 띄어 읽는다. 그런데 집에 오니 엄마도 선생님과 똑같이 왜 띄어쓰기를 제대로 못 하느냐고 다그치며 띄어쓰기 공부를 시킨다.

『왜 띄어 써야 돼?』
박규빈 글·그림, 책과콩나무, 2012

주인공은 엄마의 성화에 못 이겨 마지못해 글을 쓴다. 왜 띄어쓰기를 잘해야 하는지 영문도 모른 채 씩씩거리며 공책에 글자를 한 글자씩 써내려간다. '엄마 가방에 들어가신다' '아빠 가방에 들어가신다'. 그러자 엄청난 일이 일어난다. 엄마 아빠가 순식간에 여행용 가방 속으로 들어가버린 것이다. 당황한 주인공은 정신을 차리고 '엄마가 방에 들어가신다' '아빠가 방에 들어가신다'로 고쳐 쓴다. 그랬더니 엄마가 가방에서 나와서 방으로 들어간다.

잠시 후, 아빠는 기운이 없다며 죽을 먹으려고 한다. 그런데 주인공이 공책에 아무 생각 없이 '아빠 가죽을 드신다'라고 쓰자 또 놀라운 일이 벌어진다. 아빠가 죽이 아닌 가죽을 드시는 것이다.

눈을 부릅뜨고 지켜보던 엄마가
여행용 가방 속으로 들어가 버렸어요.
엄마가 뭐라고 소리치는데, 잘 안 들려요.

「왜 띄어 써야 돼?」

  제발 똑바로 띄어쓰기를 하라는 아빠의 말씀에 주인공은 얼른 '아빠가 죽을 드신다'로 고쳐 쓴다.
  아이는 또 '서울시 어머니 합창단'인 엄마가 합창 연습을 하러 나가는 모습을 보고 '엄마는 서울 시어머니 합창단'이라고 쓴다. 그랬더니 엄마가 흰머리에 주름이 많이 있는 할머니가 되어버린다. 주인공이 얼른 공책에 '서울시 어머니 합창단'으로 고쳐서 쓰자, 다행히 예쁜 엄마의 모습으로 바뀐다.
  이 책은 주인공이 띄어쓰기를 잘못해서 일어나는 여러 황당한 일들을 통해서 띄어쓰기의 중요성에 대해 알려준다. 한글을 조금씩 깨우치며 배워가는 취학 전 어린이들과 마음 편히 깔깔 웃으며 보고, 띄어쓰기의 스트레스도 해소하기에 적합한 책이다.

재미있는 문장 놀이를 해볼까요?

어떻게 띄어 쓰느냐에 따라 뜻이 달라짐을 알게 되었다면, 어린이들과 함께 '문장 놀이'를 해보길 권한다. 예를 들어서 "오, 늘, 아, 이, 가, 아, 프, 다" 낱글자판 8개를 준비한다. 물론 아이들에게는 이 글자의 순서대로 보여주면 재미가 없을 테니 순서를 바꾸어 보여준다. 되도록 쉬운 글자부터 "아, 아, 가, 다, 이, 오, 프, 늘"을 소리내어 같이 읽으며 글자판을 제시한 후에 "하나의 문장으로 만들어보자"라고 제안한다.

대다수 아이들은 그리 어려움을 겪지 않고 '오늘 아이가 아프다' 혹은 '아이가 오늘 아프다'로 맞출 것이다. "오늘 아이가 아프다"의 문장을 읽으면서 "오늘 아이가 아프다는 뜻이구나. 그런데 이렇게 띄어 쓰면 어떤 뜻이 될까?" 하며 '오 늘 아이가 아프다'로 문장을 제시한다. 아마도 그 문장을 소리 내어 읽으며 "어? 뜻이 바뀌었네! 맨날 아이가 아프다는 뜻이잖아" 하며 놀라워할 것이다. 그러면 다시 "오늘 아 이가 아프다"로 제시한다. 띄어쓰기에 따라서 문장의 뜻이 달라지는 재미를 느낀 아이라면 "뭐야! 이건 오늘 이가 아프다는 것이잖아" 하며 함박웃음을 지을 것이다.

띄어쓰기 오류에 대한 대표적인 예로는 '아기다리 고기다리 던 날'이라는 문장이 있다. '아기 다리' '고기 다리'가 이미 알고 있는 낱말 뜻과 상반되어 저절로 웃음을 짓게 한다. '아, 기다리고 기다리던 날'을 굳이 알려주지 않아도 쉽게 눈치 채는 경우가 많다. 한편 '꽃이파리가된나비'는 조금 헷갈리는 문장이다. '꽃이 파리가 된 나비'라고 한다면 명백하게 틀린 것이다. '꽃 이파리가 된 나비'가 되어야 맞다. 나비가 꽃잎 위에 앉았는데 마치 꽃 이파리처럼 보여서 '꽃 이파리가 된 나비'인 것이다.

세종시에 새로 지은 단설유치원을 방문했을 때였다. 원장님과 선생님들께 이 책을 권하였다. 그랬더니 원장님께서 정말로 이 책과 아주 흡사한 상황이 있었다며 유치원에서 벌어진 사례를 말씀해주셨다. 유치원에 설치된 장애인 화장실을 장애인 협회에서 후원하였기에 선생님께서 '세종시 장애인 협회'라는 글자를 붙여 놓았는데, 정작 아이들은 '세종 시장 애인 협회'라고 읽으며 키득키득 웃더라는 것이었다. 그 광경이 상상되어 절로 웃음이 나왔다.

책을 읽는 행위가 꼭 학습 능력을 높이기 위한 것은 아니지만, 이러한 책을 통해 자연스레 학습과 연관이 된다면 일석이조의 효과를 누리는 것이라 생각한다. 앞으로도 이렇게 생활 속에서 공감할 수 있는 이야기와 더불어 유아의 눈높이를 맞춘 내용의 좋은 그림책이 많이 발간되기를 고대한다.

바르게 말하는 방법

부모라면 누구나 자녀가 다른 사람들 앞에서 자기 생각을 당당하게 잘 말하기를 바랄 것이다. 그렇다면 자녀와 함께 『또박또박 말해요』를 보길 권한다. 이 책의 주인공은 프레디라는 아이다. 프레디는 길을 걷다 나뭇가지에 날개가 걸린 요정 벨을 발견한다. 프레디가 높은 가지 위에 올라가서 구해주자 벨은 자신을 도와준 프레디에게 진심으로 고마워하며, 소원을 들어주기로 약속한다. 프레디는 열심히 소원을 말하지만 요정 벨은 프레디의 소원을 제대로 들어주지 못한다. 프레디가 강아지랑 놀고 싶다고 했는데 개구리가 나오고, 고양이랑 놀고 싶다고 하는데 박쥐가 나온 것이다. 프레디는 화가 나서 요정 벨에게 "왜 내 소원을 들어주지 않아?"라고 말하며 다그친다.

『또박또박 말해요』
줄리아 도널드슨 글·카렌 조지 그림, 살림어린이, 2011

　요정 벨은 속상해하며 눈물을 흘리고 만다. 바로 그때, 요정의 여왕님이 짠 하고 나타난다. 여왕님은 요정 벨과 프레디의 말을 듣고 프레디의 잘못된 말하기 습관에 그 원인이 있음을 알게 되었다. 프레디가 요정 벨에게 말할 때 손으로 입을 가리거나 웅얼웅얼 작은 목소리로 말하거나, 혹은 등을 돌려 다른 곳을 바라보며 말해서 요정 벨이 제대로 알아듣지 못했던 것이다.

　그리고 여왕님은 프레디에게 바르게 말하는 방법을 알려준다. "작게 웅얼거리면 안 돼", "말하는 도중에 등을 돌리면 안 돼",

『또박또박 말해요』

"손으로 입을 가리면 안 돼". 그렇게 프레디도 상대방과 함께 말을 할 때 어떻게 해야 하는지 잘 알게 된다. 물론 그래서 프레디의 소원도 이루어졌다.

누리과정에서 제안하는 유아의 말하기 수준

취학 전인 만 3세에서 만 5세 유아들은 유아교육기관인 유치원 및 어린이집에서 '누리과정'에 의한 교육과정을 거치게 된다. 누

범주 내용	내용	연령별 세부 내용		
		만 3세	만 4세	만 5세
말하기	낱말과 문장으로 말하기	친숙한 낱말을 발음해 본다	친숙한 낱말을 정확하게 발음해 본다.	정확한 발음으로 말한다.
		새로운 낱말에 관심을 가진다	다양한 낱말을 사용하여 말한다	다양한 낱말을 사용하여 상황에 맞게 말한다.
		일상생활에서 일어나는 일들을 간단한 문장으로 말한다.		일상생활에서 일어나는 일들을 다양한 문장으로 말한다.
	느낌, 생각, 경험 말하기	자신의 느낌, 생각, 경험을 말해본다.	자신의 느낌, 생각, 경험을 말한다.	자신의 느낌, 생각, 경험을 적절한 낱말과 문장으로 말한다.
			주제를 정하여 함께 이야기를 나눈다.	
			이야기를 지어 말한다.	이야기 지어 말하기를 즐긴다.
	상황에 맞게 바른 태도로 말하기		듣는 사람의 생각과 느낌을 고려하여 말한다.	
		상대방을 바라보며 말한다.	차례를 지켜 말한다.	때와 장소, 대상에 알맞게 말한다.
		바르고 고운 말을 사용한다.		

누리과정 의사소통 영역에서 말하기의 연령별 목표 수준

리과정에서 제시하는 의사소통 영역 중에 말하기의 목표 수준은 위의 표와 같다.

 누리과정에서 제시하는 유아의 말하기 수준은 상대방에게 자기 생각을 낱말이 아닌 하나의 완결된 문장으로 말하는 것이다. "좋아하는 과일이 뭐니?"라고 상대방이 묻는다면 결코 "사과!"가 아니다. "저는 새콤달콤한 사과를 좋아해요"의 표현으로 다양한 낱말을 사용하여 자신의 생각을 담아서 말하기를 권하는 것이다.

『또박또박 말해요』를 통해 어린 독자는 프레디가 손을 가리고 말하는 모습, 부끄러움에 상대방을 쳐다보지 못하고 말하는 모습, 등을 돌리며 작은 목소리로 말하는 모습을 보면서 부족한 자신과 같음에 위안받고, 후에 달라진 프레디의 모습에 '나도 프레디처럼 잘 할 수 있어' 하고 용기와 희망을 갖게 된다. 이처럼 좋은 그림책은 유아에게 감성을 일깨우고 이해력, 사고력, 표현력을 신장시키며, 나아가 세상 속에서 여러 사람들과 서로 소통하며 살아가는 방법을 자연스럽게 알려준다.

지구의 환경이야기

유아를 대상으로 한 그림책은 대개 기쁘고 즐겁고 희망적인 내용을 담고 있다. 설령 등장인물에게 고난이 올지라도 그 역경을 이겨내어서 책장을 덮을 즈음에는 해피엔딩으로 끝나기 때문에 마음 졸이며 안타까웠던 마음에서 벗어나 안심하며 미소 짓는다. 그러나 소개할 『우리 마을이 사막으로 변해가요』는 너무나 슬프고 처절하고 더구나 비극적으로 끝나는 그림책이다.

우리 마을이 사막으로 변해가요

동물들이 많이 사는 아프리카 케냐에 작고 예쁜 미노이가 엄마, 아

『우리 마을이 사막으로 변해가요』
유다정 글·황종욱 그림, 미래아이, 2014

빠 그리고 두 동생과 함께 살고 있다. 날이 밝으면 물 한 바가지로 온 식구가 세수를 한다. 먹을 것이 풍족하지 않아서 양젖 한 모금으로 아침을 때우지만 학교에 다니는 미노이는 행복하다.

그런데 어느 날 저녁, 엄마는 "강물이 말라서 물을 길을 수가 없어요. 바닥을 아무리 파내도 물이 안 나와서 오늘은 웅덩이 물을 길어왔어요. 웅덩이 물은 너무 더러운데, 이제 어쩌면 좋아요?"라고 걱정스러운 마음을 담아 아빠에게 말한다. 이 말을 듣는 아빠 역시 해결 방법이 없어서 몹시 난처해한다. 며칠 뒤 더러운 웅덩이의 물을 먹은 미노이 식구는 모두 배탈이 난다. 결국 미노이의 동생은 얼마 버티지 못하고 하늘나라로 간다. 물을 구하기 위해 저녁이 되어서야 돌아온 엄마는 힘없이 늘어진 동생을 보고 그 자리에 풀썩 주저앉아 오열한다.

이젠 미노이는 더 이상 학교를 다닐 수 없다. 물을 구해야만 하기 때문이다. 미노이는 걷고 또 걸어 해가 하늘 꼭대기에 올랐을 때에서야 겨우 물웅덩이에 도착했다. '얼른 길어야지. 그럼 학교에 갈 수 있을지 몰라' 생각하며 왔던 길을 다시 걷고 또 걸어 집에 도착한다. 온몸이 땀에 젖고 팔이 빠질 듯이 아팠지만, 얼른 물을 길러놓은 후 학교에 갈 생각에 잠시도 쉬지 않고 집으로 온 것이다. 그러나 어느새 해가 지고 있었다. 학교에 갈 수 없는 상황임을 안 미노이의 큰 눈에는 어느새 눈물이 그렁그렁 맺혔다.

미노이는 더욱 학교가 그립다. 하늘나라로 간 동생과 물장구치며 놀던 그때가 더욱더 그립다. 그러나 미노이네 마을의 강은 오랜 가뭄으로 모두 말라 땅바닥을 드러냈고, 주변의 풀과 나무도 말라 죽고 그저 모래만 풀풀 날리는 사막으로 변하고 말았다. '비가 왜 안 오는 걸까? 제발 비가 왔으면 좋겠어. 비가 오면 강물이 다시 차오르고 풀도 돋아나고 나무도 살아날 텐데. 그럼 학교에도 맘 놓고 갈 수 있고….' 미노이의 간절한 소원과는 달리, 아프리카 케냐에는 몇 날이 지나고 몇 달이 지나도 비는 내리지 않고 사막만 자꾸 넓어진다. 오늘도 미노이는 학교 대신 먼 길을 걸어서 식구들이 하루 동안 먹을 물을 구하러 다닌다. 먼지 풀풀 날리는 길을 걸으며 비가 어서 오기만을 기다린다. 마실 물을 얻기 위한 이 길을 더는 걷지 않기를 바라며 말이다.

사막화로 생존을 위협당하고 있는 아프리카 케냐에 살고 있는 미노이의 이야기는 이렇게 비극적으로 끝난다. 지금도 미노이는 학교에 가야 할 시간에 식구들이 먹을 물을 긷기 위해 먼 길을 걷고 있을 것 같아서 마음이 아프다.

사막화가 되는 이유는 다양하다. 오래도록 비가 내리지 않아 사막으로 변해가는 경우도 있지만, 돈을 빨리 벌기 위해 사람들이 나무를 마구 베거나 소나 양 같은 가축들을 많이 키워 풀을 뜯어

「우리 마을이 사막으로 변해가요」

먹게 해서이기도 한다.

　유아들이 이 책을 읽으면 수도꼭지에서 콸콸 쏟아져 나오는 수돗물을 사용할 수 있는 현재 생활에 감사하는 마음을 가질 것이다. 또한 따뜻한 이부자리에서 일어나 어린이집 또는 유치원에 가서 선생님과 함께 즐거운 하루를 보낼 수 있음이 아주 소중한 행복임을 마음속 깊이 느낄 수 있다.

　이 책의 매력은 바로 여기에 있다. 언제나 행복하고 희망적인 그림책을 보며 그렇지 않은 현실에 쓸쓸해했던 독자들에게도 역설적으로 다가선다. 도리어 너무나 처절하고 치열한 고난에 처한 책 속의 등장인물과 열악한 환경을 솔직하게 보여주어서, 그래도 이보다는 좀더 나은 지금의 형편에 감사하게 한다. 그리고 삶의 무게에 힘들어하는 미노이에게 좌절하지 말고 힘을 내라고 간절한 마음을 담아 응원하게 된다. 미노이의 간절한 바람인 "마실 물을 얻기 위한 이 길을 더는 걷지 않기를"이 어서 빨리 이루어지길 바랄 뿐이다.

『높은 곳으로 달려!』

바다 밑에서 일어나는 지진이나 화산 폭발 등 급격한 지각 변동으로 인해 해수면에 갑작스럽게 발생하는 큰 파도를 지진 해일 또는 쓰나미라고 한다. 바다 밑에서 파동이 일어나서 해안가에 큰 피해를 주는 쓰나미는 지진에 의해 발생하는 지진 해파가 제일 위험하다. 쓰나미는 태풍의 힘만으로 밀려오는 단순한 해일과는 차원이 다르다.

『높은 곳으로 달려!』는 2011년 3월 11일 일본 동북 지역에서 발생한 쓰나미에서 살아남은 아이들의 이야기를 생생하게 담고 있다. 2011년 3월 11일, 초등학교 교실에서 수업 중에 덜컹하는 느낌에 지진이라고 생각한 학생들은 책상 밑으로 들어가 몸을 보호하려 하는데, 옆에 있는 중학교에서 쓰나미가 오고 있으니 빨리 도망치라는 다급한 목소리가 들려온다. 선생님은 아이들에게 중학생들처럼 요양원이 있는 산으로 빨리 달리라고 지시한다. 그 와중에 뒤를 보니 학교는 갈라지고 물은 밀려오고 쓰나미 경보 사이

『높은 곳으로 달려!』
사시다 가즈 글·이토 히데오 그림, 천개의 바람, 2013

렌 소리가 하늘 위로 울려 퍼진다.

산에 있는 요양원 주차장은 어느새 초등학생과 중학생들로 가득 찼다. 그러나 그곳도 안심하기에는 역부족이었다. 저 멀리 산비탈에서 돌들이 데굴데굴 굴러 떨어지며 산이 무너지는 것이 보인다. 깜짝 놀란 선생님은 중학생이 초등학생의 손을 잡고 빨리 도망치라고 말씀하셨다. 초등학생인 어린 주인공은 할아버지가 평소에 말씀하셨던 '뒤돌아보지 말고 높은 곳으로 달리기, 자기 목숨은 스스로 지키는 것임을 명심하기'를 떠올린다.

산속 양로원에 도착한 아이들은 좀더 안전한 곳을 찾아 할머니, 할아버지들과 함께 모두 힘을 합쳐 더 높은 산꼭대기로 올라간다. 그들은 산 위에서 쓰나미로 인하여 순식간에 아수라장이 된 마을을 내려다보며 눈물을 흘린다. 지칠 대로 지친 학생들은 서로를 위로하며 학교 체육관에 모여 가족들이 오기를 기다린다. 주인공은 쓰나미가 발생한 지 이틀 만에 드디어 아빠를 만난다. 쓰나미로 인하여 마을이 아수라장으로 되자, 아빠는 쓰레기 더미를 헤치고 온 것이다. 엄마도 할아버지도 산으로 도망쳐서 다행히 가족 모두 무사했다. 그러나 아직 가족들이 데리러 오지 않은 친구들도 많았다.

쓰나미 이후 칠석날에는 두 학교 학생들이 모두 모여 소원을 적

『높은 곳으로 달려!』

은 종이를 걸어놓았다. "소원이 모두 이루어졌으면 좋겠다"는 생각으로. 손자는 할아버지께 묻는다. "할아버지는 바다가 무섭지 않아요?" 할아버지는 바다는 무섭지 않지만 쓰나미는 무섭다고 말한다. 그리고 자연은 여전히 고마운 것임을 잊지 말라고, 살아만 있으면 앞으로 무엇이든 할 수 있으니 꼭 잘 살아나가라고 당부한다.

쓰나미에서 살아남은 아이들의 이야기

『높은 곳으로 달려!』를 읽을 때는 앞표지를 눈여겨보기를 먼저 권하고 싶다. 책을 보기 전에는 '손 잡고 누나랑 산책을 가는구나' 정도의 느낌으로 다가갈 수도 있다. 그러나 책을 보고 난 뒤에는 앞표지 그림이 왜 그래야만 했는지 절실하게 느껴진다. 걱정 가득한 얼굴에 너무나 다급해하는 선생님의 표정과 눈빛, 중학생들이 초등학생의 손을 잡고 높은 곳을 향해 올라가고 있는 것임을 아는 순간 온몸에 전율이 느껴진다. 우리나라에서 익히 알려진 작품 『친구랑 싸웠어!』(시바타 아이코 글, 시공주니어, 2006)의 그림작가 이토 히데오의 거친 붓 터치와 다양한 지점에서의 원근법을 통한 그림이 독자로 하여금 더 많은 상상력을 일깨워주며 작품에 몰입하게 한다.

이 책은 '포기하지 말고 자기 목숨은 스스로 지켜야 한다'는 메시지를 강하게 전달한다. 장르를 굳이 분류하자면 삶을 실제적으로 담은 사실주의 그림책이다. 출판사의 작품 소개글에 의하면 작가가 이 일을 겪은 아이들을 직접 만나 죽음의 공포를 느끼며 달려야 했던 그 길을 실제로 달리면서 마음과 발로 쓴 작품이라고 한다. 힘껏 달려 살아남은 아이들의 그 귀하고 강한 의지를 높이 평가하며 '살아만 있으면 앞으로 어떻게든 할 수 있다'는 긍정의 에너지를 듬뿍 느낄 수 있다.

『높은 곳으로 달려!』는 문제 해결 능력을 키워주는 독서의 장점을 십분 살릴 수 있는 책이다. 쓰나미를 경험해보지 않았지만 어린 독자에게 자연의 힘은 상상할 수 없을 만큼 강하며, 생명을 빼앗길 정도의 위급한 상황이 닥쳤을 때는 목숨을 지키기 위해 최선을 다해야 한다는 것을 일깨워준다. 또한 재난에 대한 철저한 대비와 훈련의 필요성을 마음 깊이 새길 수 있는 좋은 책이다.

자연의 맛, 바른 먹거리를 권해요

 시골쥐는 친구인 서울쥐가 생각나서 전화를 걸어 시골로 초대한다. 그리고 서울쥐를 위해 산나물과 방울토마토, 삶은 감자 등으로 정성껏 상을 차린다. 드디어 서울쥐가 오자 시골쥐는 아주 반가워하는데, 서울쥐는 음식을 보고 실망을 한다. "시골은 역시 시골이구나. 아직도 이렇게 먹고 사는 거야?"라며 타박한다. 서울쥐는 시골쥐에게 감자는 삶아 먹는 것보다 튀겨 먹는 게 더 맛있다며 서울에 같이 가자고 한다.
 시골쥐는 감자튀김이 맛이 너무나 궁금한 나머지 서울쥐를 따라나선다. 서울쥐는 신이 나서 시골쥐에게 패스트푸드점에서 파는 감자튀김 맛을 보여준다. 시골쥐는 케첩을 찍어 먹는 고소한 감자튀김 맛에 반한다. 시골쥐가 좋아하자 서울쥐는 신이 나서 마트로 데리고 간다. 마트에는 과자, 사탕, 초콜릿, 빵, 아이스크림, 콜라 등 먹을 것이 산더미처럼 많이 쌓여 있다. 시골쥐는 매일매일 그 음식을 먹으며 서울생활을 즐긴다.

「시골쥐와 감자튀김」
고서원 글·그림, 웅진주니어, 2012

그러던 어느 날, 저녁을 먹고 나오다가 등골이 오싹한 기분이 들어 고개를 들어보니 고양이가 노려보고 있었다. 깜짝 놀라 도망가려는 시골쥐에게 서울쥐는 "서울 고양이들은 더 이상 쥐를 먹지 않아. 먹을 게 이렇게 많은데, 힘들게 쥐를 잡겠어?"라고 말한다. 고양이는 서울쥐의 말대로 쥐를 잡기는커녕 햄버거와 콜라를 정신없이 배불리 먹는다. 그러고는 뒤룩뒤룩한 배를 내놓고 잠을 자는 것이다. 그 광경을 보고 시골쥐는 걱정이 앞선다. "나도 아까 그 고양이처럼 되는 것은 아닐까?" 결국 시골쥐는 서울을 떠나 시골로 돌아간다. 시골에서 방울토마토를 기르고 감자를 삶아 먹으며 다시 행복하게 산다는 이야기로 끝을 맺는다.

『시골쥐와 감자튀김』은 자연의 맛, 바른 먹거리를 강조하는 요즘 시대에 딱 맞는 그림책이다. 패스트푸드보다는 자연식으로 건강하게 잘 먹는 것이 중요함을 유아의 눈높이에 맞춰 적절하게 구성했다. 이 책의 매력적인 부분은 첫째, 유아에게 보여줄 때 제목과 앞표지 그림를 활용하여 호기심을 유발시키기에 아주 적당하다는 점이다. 책 제목을 말해주면 유아가 "어? 나는 시골쥐와 서울쥐 이야기 아는데"라며 반기는 경우도 있다. 그림을 꼼꼼히 살펴보면 감자튀김 사이로 63빌딩이 보인다. 서울에 대한 배경지식이 있다면 그것이 먼저 눈에 보일 것이다. 설령 콜라가 먼저 보인다 할지라도 괜찮다. 유아에게 친숙한 물건과 상황이 적절하게 배치되어 있어서 책의 내용을 더욱 친숙하게 느끼며 몰입하게 되니 말이다.

둘째, 시골쥐와 서울쥐를 잘 대비시켜서 이야기 구성을 하였다. 어디선가 들어본 듯한 이야기를 가지고 새롭게 '시골쥐와 감자튀김' 이야기로 탄생시킨 작가의 감각이 돋보인다. 시골쥐가 고양이의 모습을 보고 스스로 깨달아 시골에 내려가 행복하게 산다는 결말도 마음에 든다. 마지막에 행복한 시골쥐를 보면 저절로 입가에 미소가 지어진다.

셋째, 이 책을 읽고 난 뒤 나눌 수 있는 이야깃거리가 풍부하다. "시골쥐는 왜 시골에 내려가 살았을까?", "감자, 방울토마토 등의 음식을 권하는 이유는 무엇일까?", "냉동만두, 냉동돈가스 등의 음식을 권하지 않는 이유는?" 등에 대해 이야기하다 보면 왜 올바른 식습관을 가져야 하는지 자연스럽게 배우게 된다. 소박한 음식의 행복을 되새기며 아기자기한 소품을 보는 재미가 물씬 풍기는 이 그림책을 통해 아이들이 편식하지 않고 먹거리에 대한 소중함을 잘 알게 되기를 바란다.

야채는 씹을수록 고소하고 맛있어

『야채는 정말 싫어』
박혜선 글·김준문 그림, 크레용하우스, 2014

달콤한 도넛, 새콤달콤한 케첩과 쫀득쫀득한 고기가 들어간 햄버거에 입맛이 길들여진 아이들에게 양상추는 맛도 없는데 왜 먹는지 모를 일이고, 흐물거리는 빨간 토마토 역시 입맛을 당기는 음식이 아닐 것이다. 더구나 물컹물컹 씹히는 버섯이며 매운 향이 코를 쏘는 양파를 좋아할 리는 더욱 없다. 이런 아이들에게는 『야채는 정말 싫어』라는 그림책을 권한다.

배경은 즐거운 저녁 식사 시간이다. 친구들은 식탁에 둘러앉아 보글보글 끓는 된장찌개, 아삭아삭한 깍두기, 노릇노릇 맛있는 계란말이 반찬을 보고 미소 지으며 얼른 숟가락을 들고 밥을 먹는다. 그러나 라라는 슬쩍 숟가락을 내려놓는다. 먹는 척만 하더니 "난 그만 먹을래" 하며 식탁에서 일어선다. 샌드위치를 먹을 때도, 피자를 먹을 때도 라라는 야채가 있어서 입을 꾹 다물고 먹지 않는다.

맛없는 양상추, 흐물흐물 토마토, 물컹물컹 오이, 매운 양파라고 생각하고 있기 때문에 '야채는 싫어! 정말 끔찍해. 모두 괴물 같아!'라고 라라는 생각한다. 그러나 너무나 배가 고파 잠이 오지 않아서 살금살금 부엌으로 가보니 친구들이 먹다 남은 야채 피자 한 조각이 있었다. '어쩌지? 배고픈데 한 입만 먹어 볼까?' 라라는 용기 내어 야채 피자를 한 입 베어 물었다. 고소하고 씹을수록 맛이 있는 야채 피자 맛에 놀라 라라의 눈이 점점 커진다. "와! 야채는 씹을수록 고소하고 맛있어!"라고 말하는 것을 보면 아이들도 '나도 한번 먹어볼까'라는 마음을 갖게 될 것이다.

이 책은 여러 번 읽어보았지만 구연하기가 참으로 애매하였다. 대개 그림책을 보면, 남자와 여자, 젊은이와 늙은이, 상냥한 사람과 심술궂은 사람 등 캐릭터가 확실하여 구연에 별 어려움이 없다. 그러나 이 책의 주인공은 모두 어린이이고 모두 착하다. 책을 읽어주려고 등장인물을 살펴보니 앞 면지에 라라의 친구들인 메리, 인디, 에코, 타타가 있다. 그런데 아무리 살펴보아도 누가 남자이고, 누가 여자인지 알 수가 없었다.

책에 대한 정보를 모를 때는 그 출판사의 편집부에 전화하여 담당자에게 물어보는 것이 제일 확실하다는 생각에 크레용하우스 편집실에 전화했다. "안녕하세요. 아이에게 책을 읽어주려고 하는데, 작가의 의도대로 알맞게 설정하여 구연해주고 싶습니다. 5명의 성별을 알려주시면 감사하겠습니다." 전화를 받은 분은 몇몇 분들과 분주히 이야기를 주고받더니 명쾌하게 답을 주었다. 그러나 뜻밖의 대답이었다.

「야채는 정말 싫어」

 메리츠Meritz의 각 알파벳을 활용하여 캐릭터의 이름을 만든 메리, 라라, 인디, 에코, 타타 다섯 중에서 나는 적어도 메리와 인디만큼은 여자라고 생각하였다. 어쩌면 라라 역시 여자일지 모른다는 생각도 했다. '라라'라는 이름이 여성적인 느낌이니까. 이 글을 읽는 분들도 생각해보라고 권하고 싶다. 책 내용을 모른다 할지라도 성별은 맞출 수 있을 테니까.

 전화기에서 흘러나오는 대답은 내 귀를 의심하게 했다. "오래 기다리셨죠? 죄송합니다. 알아보니까 인디만 여자이고 모두 남자랍니다." "그럼 메리가 남자라고요? 그럼 라라도 남자가 정말 맞나요? 메리라는 이름이 어떻게 남자가 됩니까? 라라도 남자라고는 생각하지 않았는데요?" 속사포처럼 튀어나오는 질문에 그 담당자는 난처해하며 이렇게 말했다. "저희도 헷갈려서 알아보니, 메리츠화재 여름 CF에 인디만 비키니를 입고 모두 남자 팬티만 입었다고 합니다."

메리츠화재 걱정인형 캐릭터를 활용한 그림책을 권하는 이유는 긍정적인 독서지도 사례가 있기 때문이다. 학부모가 메리츠 회사에 영업사원으로 근무 중이어서 자녀가 더욱 관심을 갖고 책을 보게 되었다는 이야기를 들었고, 고객용 사은품으로 인형 선물을 받은 아이가 역할 놀이를 하며 책과 친해졌다는 이야기도 들었다. 아이들은 친한 것에 더욱 관심을 갖기 마련이다. 책읽기를 힘들어하는 아이에게는 우선 친숙한 것부터 권하는 것이 책을 가까이하게 하는 지름길이다.

희망을 발견하는 방법

『씩씩해요』는 가로 21㎝, 세로 14.8㎝로 비교적 작은 크기의 그림책이다. 앞표지는 단순하기 그지없다. 샛노란 바탕에 주인공이 덩그러니 서 있다. 그 주인공을 보는 순간 촌스러움에 당혹스럽다. 바가지 머리에 파란 멜빵바지, 빨간 윗도리를 입고 그냥 서 있다. 그나마 말풍선 속에 책 제목인 '씩씩해요'가 쓰여 있어 제목에 눈이 간다. 요즘은 유아에게도 독서 전략 중 하나인 '앞표지 살펴보기' '앞표지 보면서 내용 유추하기' 등을 적용한다. 이처럼 앞표지의 기능을 많이 강조하기 때문에 앞표지만큼은 최대한 눈길이 머물도록 세련되게 꾸미는데, 이 책은 꾸미기는커녕 민낯으로 독자를 반긴다.

나도 아빠를 보며 웃어요

별 기대 없이 책장을 펼쳤는데, 첫 장면이 너무나 충격적이다. 빨간 바탕색에 차가 부딪쳐서 한 대가 뒤집혀 있는 교통사고 장면이다. 글자 없는 그림책처럼 아무 설명이 없다. 궁금해서 다음 장면을 빨리 넘길 수밖에 없었다. 아빠가 있는데, 굵은 선으로 온몸이 그어져 있다. 섬뜩했다. "그건, 아주 무서운 사고였대요. 아빠 차는 공중에서 크게 한 바퀴를 돌았다고 했어요."라는 글과 함께 아빠가 누워 있다.

"수술실 앞에서 아빠가 나오길 기다렸어요. 아주 긴 시간을요." 왼쪽에 글과 함께, 계속 빨간 바탕색을 배경으로 쭈그리고 앉아 흑흑 흐느끼는 주인공의 모습이 보였다. 두근거리는 마음으로 뒷장을 얼른 넘겼다. 뜻밖에도 바탕색이 바뀌었다. 이번엔 초록색이다. "엄마는 바빠졌어요. 아침 일찍 일어나 새로 구한 일터로 가요. 혼자 밥을 먹을 땐 식탁이 너무 넓어 보여요." 횅한 식탁과 함께 바삐 나가는 엄마의 모습이 그려져 있다. '설마 아빠가 돌아가셨을까?' 걱정스러운 마음을 갖고 또 얼른 뒷장을 넘겼다.

"혼자 하는 목욕은 힘들어요. 등을 닦을 수가 없어요. 전엔 아빠가 닦아 주었는데……" 주황색 바탕에 작은 아이가 쭈그리고 앉아 목욕하는 장면이다. 수평 구도에 벽에 걸린 수건, 환기창, 욕조 그림이 전부이다. 배경이 너무나 단순해 주인공에게만 시선이 집중

된다. 단색으로 표현된 바탕색 외에는 신경 쓸 것이 없다. 오로지 주인공과 함께할 뿐이다. "아빠는 그네를 잘 탔어요. 진짜 높이높이 날았어요. 아빠 없이 타는 그네는 더 이상 흥이 나지 않아요." 칙칙한 배경색과 더불어

『씩씩해요』
전미화 글·그림, 사계절출판사, 2010

아이가 쭈그려 앉아 있다. 아이의 몸이 점점 더 작아지는 것을 보면 가슴이 먹먹해진다.

"엄마는 깜깜할 때 집으로 와요. 잠이 들면 아침까지 엄마를 볼 수가 없어요. 무척 졸리지만 곰돌이와 얘기를 하며 엄마를 기다려요." 이번에는 바탕색이 보라색이다. 방의 한쪽 귀퉁이에서 엄마를 기다리고 기다리다 잠이 들었을 아이를 생각하니 마음이 아프다. 어떻게 이야기를 진행시키려 하는지 빨리 뒷장을 넘길 수밖에 없었다. 이 슬픔의 무게를 어찌한단 말인가.

다음 장을 넘기니, 알록달록 화려한 바탕색이 반겨준다. "꿈을 꿨어요. 색색깔의 아름다운 풍선이 가득한 꿈이었어요. 풍선에는 아빠도 있고 엄마도 있고 나도 있었어요. 정말 멋졌어요." 그러나 다음 장을 넘겨 "잠에서 깼을 때, 이불이 젖어 있었어요. 혼날 줄 알았는데 엄마는 화내지 않았어요." 글을 읽는데 왈칵 눈물이 나온다. 앞장의 알록달록한 배경과 더욱 대비되는, 차분한 바탕색에

젖은 이불을 거둬 말리는 장면은 이 상황에서 벌어지는 모든 것을 잘 말해준다. 엄마가 아이에게 "괜찮아."라고 속삭이듯 말하는 모습을 보며, 그림책을 보는 독자 역시 한마음으로 "괜찮아"를 따라 하게 한다.

그 응원이 주인공에게 힘이 되었을까. 집안의 분위기는 조금씩 바뀌어가고, 자세히 살펴보면 아이의 몸은 어느새 커져 있다. 칙칙한 배경색으로 온통 칠해진 것과는 사뭇 다르게, 하얀색 바탕색이 반을 차지하고 있는 것만 봐도 주인공의 마음을 헤아릴 수 있다. 머리카락을 흩날리며 그네를 타는 장면은 주인공이 다시 희망을 갖게 되었음을 상징한다.

"엄마는 운전을 시작했어요." 파란색 경차에 빨간 색깔의 옷을 입은 엄마의 모습이 보인다. 그림책의 차는 가만히 있지만 마음속 파란 차는 열심히 달리고 있는 듯하다. "망치질도 잘해요." 글은 한 문장으로 간결하게 써 있다. 하지만 그림은 아주 많은 것을 표현하고 있다. 그림책의 진수를 보는 듯하다. 망치를 들고 벽에 못을 박는 엄마와 의자 아래에 액자가 보인다. 과연 엄마와 아이는 합심하여 무엇을 하려는 걸까. "사진 속 아빠가 나를 보며 웃어요. 나도 아빠를 보며 웃어요." 사진 속 아빠의 얼굴을 자세히 살펴보니 정말 웃고 있다. 가슴 속 깊은 곳에서 뭉클함, 뜨거운 그 무언가가 마음을 움직이게 한다. 마지막 한 장이 남았다. 마지막 장면은 바로 앞표지의 그림이다.

「씩씩해요」

「씩씩해요」의 주관적 에필로그

책을 보기 전에는, 촌스런 삼원색과 더불어 성의 없이 그린 듯한 아이의 모습이 웃는 얼굴임에도 예뻐 보이지가 않았다. 그러나 책을 처음부터 끝까지 보고 난 뒤에 이 장면을 보니 웃는 모습에 미소가 지어지고 당당하게 버티고 서 있는 주인공에게 큰 박수가 나온다.

이 책은 작가의 자전적인 이야기를 모티브로 한 것이라 한다. 그래서인지 더욱 꾸밈없이 진솔하여 가족을 잃은 슬픔에 공감하게 된다. 어려움을 극복하고 성장하는 아이의 마음을 어루만져주는 '착한 그림책'이다. 작가는 독자에게 슬픔은 삼키지 말고 드러내며, 빛깔이 있는 세상 속으로 용기를 내어 어서 나오라고 손짓하는 듯하다.

이 책은 이야기를 전달하는 데 있어 작가의 치밀한 전략이 돋보인다. 글 작가와 그림 작가가 동일하기에 최고의 책이 탄생되었다는 생각이 든다. 또 유난히 책 크기가 작은데, 글 내용과 연관해서 생각해보니 수긍이 된다. 큰 그림책이었다면 감동이 덜했을 것이다.

또한 캐릭터를 단순하게 묘사하고 배경도 과감하게 삭제한 것은 정말 '신의 한 수'였다. 집 안의 가구가 자세히 그려져 있었다면, 벽지의 무늬가 자세히 그려져 있었다면, 목욕탕에 비누와 샴푸가 그려져 있었다면 아이의 슬픔에 집중하지 못했을 것이다. 정말 주인공에게만 몰입할 수 있도록 빠져들게 하는 마법을 부린 책이다. 이 책은 무엇보다 마음을 움직이게 한다. 감정을 건드려서 울컥하게 한다. 자녀와 함께 이 책을 읽어보기를 적극적으로 권한다.

희망이란 뭘까?

『희망』은 유아교육기관의 선생님들에게 꼭 권하는 그림책이다. 그리고 독서 전 활동으로 아래와 같은 발문을 권한다.

선생님 : 오늘 우리 친구들을 위해 선생님이 『희망』이라는 책을

준비했어요. 앞표지를 살펴보니….

유아들 : 선생님, 다람쥐 두 마리가 막 뛰어가요.

선생님 : 제목은 '희망'인데 다람쥐가 뛰어가는 그림이 그려져 있구나.

유아 1 : 도토리 주우러 가나 봐요.

유아 2 : 자세히 보니까 벌도 날아가잖아. 벌은 도토리 안 좋아해.

유아 3 : 선생님, 도망치는 것 같아요. 벌도 다람쥐도요!

선생님 : 그럼 도대체 어떤 일이 있기에 도망을 가는 걸까?

유아 1 : 사냥꾼이 쫓아오나 봐요!

유아 2 : 벌이 사냥꾼을 공격하면 되는데, 벌이 도망을 치는걸.

유아 3 : 지진이 일어났나 봐요.

선생님 : 정말 궁금하구나. 제목은 '희망'인데 과연 어떤 일이 일어났는지 얼른 보기로 해요.

「희망」
이재민 글·원유성 그림, 노란돼지, 2010

독서 전에 호기심을 유발해 더욱 책 내용에 몰입할 수 있도록 돕는 전략이다. 부푼 기대를 갖고 한 장을 넘기면 유화로 그린 아주 큰 그림(가로 65cm, 세로 26.5cm)이 펼쳐진다. 아름답고 평화로운 숲에 동물들이 갑자기 어디론가 다급하게 뛰기 시작한다. 벌도, 다람쥐도, 토끼도, 너구리도 모두. 과연 무슨 일일까.

　이유는 바로 작은 불씨였다. 그 불씨는 나무를 휘감더니 눈 깜짝할 사이에 온 산으로 번져간다. 불은 멈추지 않더니 그만 괴물처럼 숲을 삼켜 버린다. 소중한 것을 송두리째 빼앗아가 희망도, 삶의 터전도, 온통 잿빛투성이다. 모든 것이 사라졌다. 이 장면에서 잠시 멈추고 선생님께서 아이들에게 이렇게 이야기하기를 권한다.

선생님 : 우리 친구들! 책 제목이 무엇이었는지 생각날까요?

유아들 : 희망이요.

선생님 : 맞아요. 제목은 '희망'인데 모든 것이 사라져버렸다니….

유아 1 : 아 망했다!

유아 2 : 절망이야, 절망! (어휘력이 아주 높은 유아의 경우)

선생님 : 아, 뒤에 한 장이 더 있구나. 여기가 끝이 아니었어요. 우리 친구들 선생님이 희망을 보여줄까요?

유아들 : (기대에 차서) 네, 선생님, 정말 희망이 보여요?

선생님 : 또다시 희망이 피어납니다.

유아들 : (다음 장면을 보고) 와, 희망이다!

유아 1 : 선생님, 희망의 싹이 자랐어요!

유아 2 : 선생님, 그럼 희망의 꽃을 피울 수 있어요?

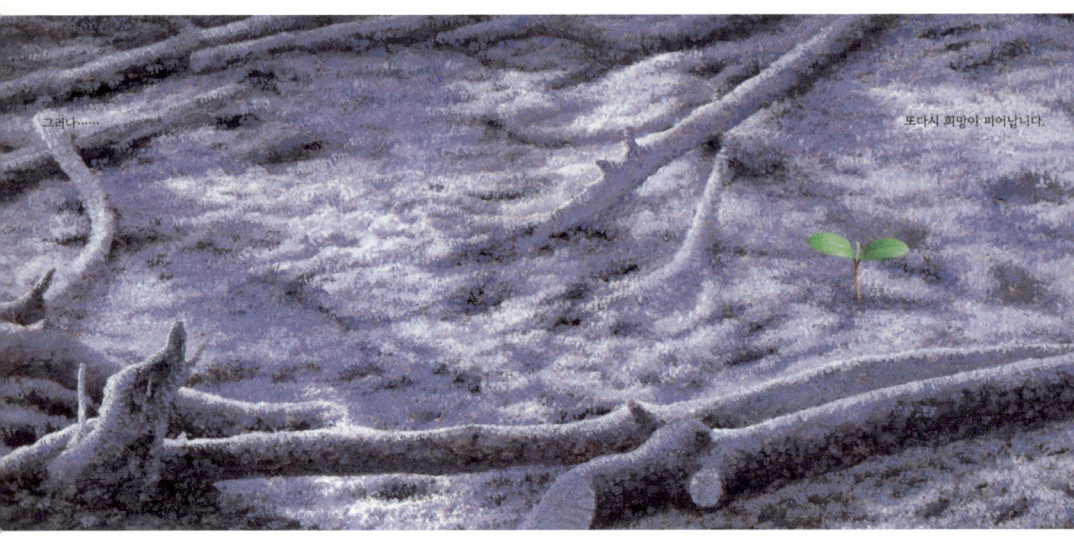

「희망」

우리 모두 희망의 꽃을 피워요

『희망』은 유아교육기관에서 활용할 수 있는 장점이 많은 책이다. 첫째, 책 크기가 커서 선생님이 안내 읽기를 하며 모두가 같이 보고 감상하기에 적합하다. 둘째, 그림만 봐도 어떠한 상황인지 짐작할 수 있어서 배경지식이 적은 유아도 쉽게 이해할 수 있다. 특히 신문에 실린 사진과 동일한 그림이 실려 있어 어린이들에게 그림을 꼼꼼히 보게 하는 촉매제 역할을 한다. 셋째, 그림책을 보여주기에 적절한 시기가 있다. 식목일에 활용하기 좋으며, '산불 조심'이라는 주제로서 산불이 많이 나는 시기에 이 책을 보여주기에 아주 적합하다.

  넷째, 텍스트가 아주 명료하다. 2005년 4월 5일 강원도 양양의 산불을 소재로 한 그림책으로 픽션을 적절히 아우른 것은 이 그림책의 최고 장점이다. 다섯째, 글의 양이 적어서 참 좋다. 불조심을 하자는 등의 교훈을 담은 문장이 많았다면 이 책을 감상하는 재미가 적었을 것이다. 게다가 글의 양에 비하여 그림이 훨씬 돋보여서 이 책은 자신 있게 추천할 수 있다. 여섯째, 제목이 참 마음에 든다. 긍정적인 단어인 '희망'을 자연스럽게 유아들이 학습할 수 있다. "희망을 가져" "희망의 싹을 틔어 봐" "희망의 꽃을 피우렴" 이러한 추상적인 말을 유아가 진심으로 알고 사용할 수 있게 도움을 확실하게 주는 책이다.

세상에 있는 다양한 사람들

유아에게 딱 알맞은 인물 그림책으로 망설임 없이 권하는 책이 있다. 이 책을 유아와 함께 읽을 때에는 특별히 앞표지를 먼저 보여주지 않고 '제목 맞추기'를 제안하여 좀더 주의 깊게 감상하기를 유도한다. 자! 그럼, 독자 여러분들도 인물 그림책의 제목 맞추기에 도전해보자.

제목 맞추기 놀이를 해볼까요?

월요일 아침 꼭두새벽, 메리 스미스 부인은 바삐 길을 나선다. 쿨쿨 잠들어 있는 사람들을 깨우러 가는 길이다. 깜깜한 거리를 지

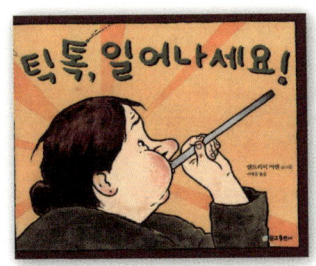

『틱톡, 일어나세요!』
앤드리어 어렌 글·그림, 꿈교출판사, 2012

나 마침내 시내에 도착해서는 우뚝 멈춰 서더니, 메리 스미스 부인은 마른 콩 한 알을 주머니에서 꺼내 고무 대롱에 집어넣는다. 그러더니 틱! 톡! 콩 한 알을 빵가게 유리창에 맞춘다. "일어나세요!" 메리 스미스 부인이 창문을 바라보며 외친다.

"나 일어났어요!" 빵가게 주인이 졸린 목소리로 대답하자, 메리 스미스 부인은 대답도 않고 어느새 사라진다. 이번에 걸음을 멈춘 곳은 열차 차장 아저씨의 집 앞이다. 메리 스미스 부인은 이번에도 콩 한 알을 훅 불어 유리창을 맞춘다. 틱! 톡! "일어나세요!"를 외치자 열차 차장 아저씨가 일어난다.

메리 스미스 부인은 또 세탁소 부인을 깨우러 간다. 틱! 톡! "일어나세요!" 이번에는 생선 장수를 깨우기 위해 메리 스미스 부인은 열심히 발길을 돌린다. 집집마다 돌면서 콩알을 불어 사람들을 깨워준 덕분에 시내의 하루가 활기차게 시작된다.

창문이 벌컥 열리더니 이번엔 시장님이 얼굴을 내민다. "어이쿠, 우리 집 차례였군!" 메리 스미스 부인은 "그럼요, 다른 사람들은 벌써 일어난걸요." 자신만만하게 말을 건넨다. 시장은 눈에서 졸음을 털어내며, "부인이 아니었으면 모두가 여태 쿨쿨 자고 있었을 텐데…. 고마워요, 메리 스미스 부인." 시장님의 인사말에 "내일 아침

메리 스미스 부인(1927년 영국)

에 또 봬요, 시장님?" 메리 스미스 부인은 씩 웃으면서 대답한다.

약간의 재미있는 에피소드가 곁들여져 끝을 맺는 이 책을 유아에게 읽어주고는 "이 책의 제목은 과연 무엇일까요?"라고 물으면 제일 먼저 나오는 답은 "메리 스미스 부인"이다. 인물 이야기책의 제목은 대부분 '세종대왕' '파브르 곤충기' '발명왕 에디슨' 등 주인공 이름이기 때문이다. '메리 스미스 부인'을 제목이라고 생각하는 아이들에게 "선생님이 들려준 그림책의 내용을 아주 잘 들었구나. 그렇지만 제목은 아닌걸. 힌트 줄게요. 모습을 잘 보세요"라고 말한 뒤, 대롱에 콩알을 넣어 부는 시늉과 함께 손을 입에 가져가면 그제야 생각났다는 듯이 "틱톡, 일어나세요!"를 외친다.

아이들이 의기양양 기쁨에 들떠있을 때, 제목을 잘 맞추었음을 격려하며 얼른 앞표지를 보여준다. "선생님! 진짜 있었던 일이에요? 정말 메리 스미스 부인이 있어요?" 등 유아들은 궁금해서 질문이 쏟아낸다. "앞면지에 1927년 영국, 메리 스미스 부인이라고 쓰여 있구나. 우리 그럼 뒷면지도 볼까?" 자연스럽게 책의 뒷면지까지 꼼꼼히 보게끔 유도한다.

뒷면지에 "시계가 할 일을 대신한 사람들 이야기"라고 쓰여 있고, 이번에는 아주 긴 장대를 들고 2층의 유리창을 두드리는 할아버지의 모습이 보인다. 많은 의문점이 풀리는 순간이다. "아하!"라고 저절로 감탄사가 나온다. "잠 깨우는 직업이 있었구나!" "메리 스미스 부인만이 아니라 다른 사람들도 이런 일을 했구나!" "다양한 방법으로 사람들의 잠을 깨웠구나!" 등 각자의 느낌대로, 생각대로 말이 술술 나오게 하는 매력을 가진 인물 그림책이다.

『틱톡, 일어나세요!』를 펴낸 꿈교출판사가 욕심을 부리지 않아서 다행이다. 만약 이 책의 부록으로 영국의 과거와 현재, 산업혁명, 시계가 발명되기까지, 직업의 이모저모 등 설명이 붙어 있었다면 이 책을 유아들에게 권하지 않았을 것이다. 일부 책들을 보면 어린 유아에게 독서는 머리에 지식을 쏟아 붓는 것이 절대 아닌데도 도리어 출판사가 잘못된 인식을 조장하는 것 같아 안타깝다. 특히 부록으로 실린 문제풀이를 보면 유아독서교육 전문가로서 너무나 실망스런 마음을 감출 길이 없다.

『틱톡, 일어나세요!』의 매력은 호기심을 자극한다는 점이다. 책을 읽고 나면 궁금한 것이 많아진다. 시계의 알람 기능은 언제부터 사용되었을까, 사라진 직업은 또 무엇이 있을까, 그렇다면 앞으로 생겨날 직업은 어떠한 것이 있을까, 콩알과 장대로 사람들의 새벽잠을 깨웠다면 또 다른 방법은 무엇이 있을까 등 질문을 유도

한다. 그 궁금증을 해결하기 위해 또 다른 책에 관심을 갖게 하는 좋은 계기가 된다.

위인전이 아닌 인물 그림책

『그림 그리는 아이 김홍도』
정하섭 글·유진희 그림, 보림, 1997

우리나라의 인물 그림책으로 제일 먼저 떠오르는 책은 『그림 그리는 아이 김홍도』이다. 이 책은 거의 20년 전에 출간되었지만, 여전히 유아들에게 읽어줄 만한 인물 그림책으로 손색이 없다.

이 책의 주인공은 조선시대의 유명한 화가인 김홍도다. 어린 시절부터 그림을 좋아했던 그가 꿈을 향해 나아가고, 결국 이루어내는 이야기가 감동적으로 그려져 있다. 이 책은 유아들에게 꿈은 노력해서 이루어야 더욱 가치가 있음을 말해준다. 또 어려움이 있을 때 포기하지 않고 끝까지 애써 나아가야 함을 보여준다.

이 작품은 마치 조선시대를 눈앞에 두고 묘사한 듯 고운 선들과 함께 한국적인 매력을 듬뿍 담고 있다. 또한 시대를 초월하여 유아들도 쉽게 공감할 수 있으며 아주 유머러스하다. 어린 홍도가 서당에서 공부를 할 때 꾸벅꾸벅 조는 모습은 보기만 해도 웃음이 저절로 나온다. 노는 거라면 그 누구에게도 뒤지지 않는 개구쟁이 모습도 그림 속에 고스란히 담겨져 있다.

그렇다고 홍도가 언제나 말썽만 피우는 것은 아니다. 틈만 나면 그림을 그리고, 가난해서 종이를 살 수 없을 때가 있지만 그에 굴하지 않고 넓은 하늘을 종이 삼아 마음의 그림을 그린다. 그런 김홍도에게도 위기는 찾아온다. 홍도가 유난히 장난을 즐기며 돌아다니고, 더구나 남의 벽에 그림을 그린 것을 못마땅하게 여긴 아버지가 홍도에게 그림을 그리지 말라고 명한 것이다. 하지만 홍도는 외삼촌에게 위로를 받고 집으로 들어와 용기를 내어서 아버지 앞에서 정성껏 그림을 그린다. 결국 아버지는 홍도가 정성을 다해 열심을 다하여 그림을 그리는 모습을 보고 다시 그림을 그려도 된다고 허락한다.

그리고 마침내 홍도는 자신의 꿈을 이뤄 도화서의 화원이 된다. 도화서는 궁정에서 필요로 하는 다양한 그림을 그리는 곳이었는데, 그들이 남긴 그림이 있었기에 오늘을 사는 우리는 조선시대에 살았던 사람들이 어떠한 옷을 입고, 어디에서, 무엇을 했는지 알 수 있다. 이 책은 아이들에게 김홍도가 좌절하지 않고 꿈을 이루기 위해 노력한 덕분에 역사에 이름을 남긴 인물이 되었다는 사실을 알려주기에 좋다.

나는 '위인전'이라는 말 대신에 '인물 그림책'이라는 용어를 사용하길 권한다. 위인전으로 검색하면 다양한 출판사에서 전집으

「그림 그리는 아이 김홍도」

로 구성된 도서가 홍수처럼 쏟아진다. 국내 인물로는 세종대왕, 광개토대왕, 이순신, 장영실, 신사임당, 강감찬, 안중근 등이 있고, 외국인으로는 링컨, 나폴레옹, 빌 게이츠, 에디슨, 칭기즈칸, 갈릴레이, 파브르 등이 그 주인공들이다. 심지어 교과서 인물사전으로 한국 인물과 세계 인물을 구분하여 제시하는 책도 있다.

하지만 태몽부터 남다른 인물들의 이야기에 어린 독자가 얼마나 공감을 할까. 얽히고설킨 역사와 문화에 대한 사전 지식 없이 75권의 시리즈로 구성된 책을 읽고 이해가 가능할까. 그러므로 가급적이면 전집을 사주기 전에 유아에게 적절한 인물 그림책을 보여주길 권한다. 『틱톡, 일어나세요!』, 『그림 그리는 아이 김홍도』와 같이 다양한 삶 속에서 충실하게 살아가는 인물에 대해 관심을 갖고 더 알고 싶은 마음으로 다른 책을 펼칠 때, 진정한 독서가 이루어질 것이다. 유아기에 알맞은 인물 그림책이 더 많이 출간되기를 기대해본다.

아름다운
우리 강산을 담아

여름휴가를 맞아 가족과 함께 제주도 여행을 할 계획이 있다면, 먼저 자녀와 『어멍 강읍서』를 감상해보자. 박지훈 작가가 유년 시절을 제주도에서 보냈기 때문에 책 속에 등장하는 장면 하나 하나 제주도의 그 모습 그대로를 생생하게 보여준다. "아는 만큼 보인다"는 말이 있듯이 그림책을 보고 나서 제주도에 간다면, 미리 책에서 본 것은 훨씬 잘 보일 것이다. 제주도 동쪽 끝의 성산일출봉, 미역과 전복을 따기 위해 물질하는 해녀의 일상 모습…….

『어멍 강읍서』의 주인공 은정이는 아침부터 속상하다. 엄마랑 같이 놀고 싶은데 엄마는 은정이의 마음은 몰라주고 하루도 빠짐없이 바다에 나가 일을 하시기 때문이다. 엄마에게 괜한 심통을 부리고 난 뒤, 밖으로 나와 친구들과 바닷가 모래사장에서 모래성을 쌓고 놀기로 한다. 또 게랑고동을 잡으며 바닷가에서 물놀이를 하며 신나게 놀다가 친구들과 함께 언덕으로 올라간다. 그때 물질을 하러 바다에 나가시는 엄마를 보게 된다. 은정이는 엄마가

『어멍 강옵서』
박지훈 글·그림, 해솔, 2011

바다에 나가 힘들게 일하시는 것에 대해 걱정이 많다. 그러나 엄마는 바닷속 깊은 곳에 들어가 예쁜 소라와 전복, 문어를 만나는 해녀일이 좋다며 도리어 위로주었다. 은정이는 그 말씀이 떠올라 엄마에게 심통을 부렸던 오늘 일에 대해 미안해진다.

그런데 그때 비가 후두둑 후두둑 떨어진다. 그러자 아이들은 하나둘 집으로 가야겠다며 은정이와 인사를 나눈다. 이 장면을 보고 난 뒤에 곧바로 장을 넘기지 않고 "은정이는 어떻게 할까? 엄마는 일하러 가시고, 아이들도 집으로 가는구나. 만약 네가 은정이라면 어떻게 하겠니?" 질문해본다. 귀를 쫑긋 세우고, 그림책을 보는 일곱 살 아이들에게 물으면 대다수는 "집에 가서 텔레비전 봐요!" "집에 엄마가 없으니까, 앞집에서 친구와 같이 놀아요" 등 반응을 한다. "과연 은정이는 무엇을 할까?"

한 장을 넘기면 뜻밖에도 두 손을 모으고 기도하는 은정이의 모

휘이잉 휘이잉~~
바람이 불 때마다 나뭇가지 흔들리는 소리가 더 커졌어요.
바다 속에 계신 어멍 생각을 하니 무섭기까지 했어요.
나는 두 손을 모아 기도했어요.
"바다야, 바다야, 파도가 출렁이지 않게 해 줘.
해야, 해야, 비바람이 그치고 햇살이 내리게 해 줘."

「어멍 강옵서」

습이 화면 가득 펼쳐진다. 은정이가 엄마를 사랑하는 마음을 절묘하게 표현한 것 같다. 이 장면을 보면 유아들도 "와, 정말 착하다"라는 말이 절로 나온다. "비 맞으면 안 되니까, 집에 가서 엄마 올 때까지 간식 먹으며 재미나게 놀아요"라고 말한 아이들을 부끄럽게 만드는 장면은 바로 다음에 나온다. 은정이가 간절한 마음으로 "바다야, 바다야, 파도가 출렁이지 않게 해 줘. 해야, 해야, 비바람이 그치고 햇살이 내리게 해 줘"라고 두 손 모아 기도한 뒤에 눈을 떠보니 햇살 가득 바다가 반짝이고 있다. 은정이는 꽃을 한 아름 꺾어서 바삐 걸어간다. "과연 은정이는 어디로 갈까요?"라고 어린이들에게 물으면 "물질하고 있는 엄마에게 가요"라고 힘차게 말한다. 마치 자신들이 마음씨 고운 은정이가 된 것처럼.

예쁜 꽃을 엄마에게 선물하자 엄마의 눈이 커다래지고 함박웃음을 보인다. 저녁노을 진 바닷가에 풍경이 정말 아름답게 펼쳐진다. "어멍, 나 밥 많이 먹고 쑥쑥 클 거다." 은정이의 말에 엄마는 "왜?"하며 되묻는다. "그래야 어멍이 물질할 때 같이 하지." 그 말을 들은 엄마는 먼 바다만 바라볼 뿐 아무 말이 없는 것으로 끝을 맺는다. 마치 영화의 여운 깊은 엔딩 장면을 그대로 담은 듯하다. 어린 독자일지라도 이 그림책을 덮는 순간 은정이의 착한 마음을 알고 미소 짓는다.

『어멍 강옵서』를 보고 난 뒤에는 우리나라 지도를 펼쳐서 제주도를 찾아보고, 제일 동쪽 끝에 있는 성산일출봉도 확인해보는 놀이를 권한다. 또한 은정이네 집 지붕 모양, 돌담을 살펴보았다가, 제주도에 갔을 때 실제 모습과 비교하는 놀이도 권한다. 주인공 은정이에게 편지를 써도 좋고, 가장 기억에 남는 장면 그리기 활동도 가능하다. 또 제주도 방언인 "어멍, 강옵서(엄마, 갔다 오세요)"의 뜻을 알아보며 제주도의 문화를 알아보는 것도 재미있는 시간이 될 것이다.

마음으로 보아야 보이는 것들

가족과 함께 배낭 메고 모자 쓰고 신나게 노래를 흥얼거리며 짙은 녹음을 뽐내는 강원도를 간다면 꼭 추천하고 싶은 책이 하나 있다. 바로 『동강의 아이들』이다. 2000년에 이 책을 만났을 때의 그 감동은 이루 말할 수 없었다. 마치 "임금님 귀는 당나귀 귀"라는 것을 아는 순간 어서 빨리 이 사실을 남에게 알리고 싶어 안달 나듯이, "너 이런 책 아니? 정말 신기하다! 보여줄까?"하며 뽐내듯 소개했던 김재홍 작가의 작품이다. 『동강의 아이들』을 이미 본 독자라면 '맞아, 맞아' 하고 동감하며 반길 것이고, 아직 만나지 않은 독자라면 두 눈을 크게 뜨고, 마음의 문을 열어야 한다. 그러면 생각지 못했던 반전을 경험할 수 있을 것이다.

이 책의 첫 장면은 "장날, 어머니는 깨도 팔고 콩도 팔러 장터에 갔어요. 돌아올 땐 순이 색연필하고 동이 운동화도 사 온댔어요"로 시작한다. 누구나 보아도 다름없는 느낌의 물과 돌, 나무가 어우러진 평범한 강가의 모습이다. 그런데 이 책을 세워서 세로로 보면 보따리를 머리에 이고 장에 가시는 엄마의 뒷모습이 선명하게 드러난다.

다음 장면을 넘겨 "큰 새야, 큰 새야, 우리 엄마 어디까지 오셨니?" 노래하듯 읽은 후, 큰 새가 어디 있는지 찾으려고 그림을 꼼꼼히 보며 연신 눈을 두리번거리게 된다. 그러다 어느 순간 "아하!"를 연발하게 한다. "큰 새 여기 있네" 하며 검지로 뾰족한 부리 모양을 허공에 대고 그리면 그건 확실히 책을 잘 감상했다는 사인이다.

그러나 안타깝게도 새가 안 보이는 사람이 있다. 더구나 여럿이 같이 책을 감상하며 큰 새의 절묘한 그림에 감탄하고 있을 때, 유독 한 사람만 안 보인다고 하면, 모두가 그 한 사람을 바라보며 저절로 미소를 짓게 된다. 그리고 이렇게 힌트를 주게 된다. "돌을 돌로만 보면 안 돼, 마음으로 봐야지!" 그 말을 듣는 순간, 아이 얼굴에 왜 그리 쉬운 걸 못 찾았는지 자책이 담긴 탄성과 함께 미소가 지어진다. 『동강의 아이들』은 이렇게 마음으로 보아야 작가와 마음을 나눌 수 있는 책이다. 감상의 기술을 터득하게 되면 책의 그림을 주도적이고 적극적으로 해석하게 된다.

『동강의 아이들』
김재홍 글·그림, 길벗어린이, 2000

그다음 장 숨어 있는 그림을 보고 대다수의 어른들은 거북이라고 생각한다. 자신이 갖고 있는 거북이 모양과 흡사하니까 그것만 보인다. 그러나 책에 쓰여 있는 대로 "아기 곰아, 아기 곰아!"를 읽는 순간 그림을 보면 독자의 마음이 바뀌면서, 놀랍게도 책 속에 있는 글자 그대로 물속에서 반쯤 얼굴을 내밀고 있는 곰을 만나게 된다.

이와 같은 상황은 심리학적으로 해석할 수 있다. 배경지식이 인간의 사고에 얼마나 많은 영향을 미치는지 보여주기 때문이다. 같은 장면을 봤다고 해서 독자 모두가 같은 생각을 하는 것은 아니다. 독자 개개인의 스키마(배경지식)에 따라 달리 보이는 것이다. 그리고 또 하나의 심리학적 발견은 스키마의 중요성이다. 스키마가 형성되어야 사고가 된다는 것이다. 만약 독자가 거북이, 곰의 모습을 떠올릴 수 없다면, 이와 같은 장면을 감상하고 글을 읽으며 절대로 이해할 수 없다. 그래서 많은 독서전문가들이 하나같이 '발달 수준에 맞는 책'을 권하는 것이다.

장에 가신 엄마를 보고 싶은 마음에 동생 순이가 울자, 동이 오빠는 울음을 그치게 하려고 얼른 작은 돌을 집어서 물수제비뜨는 묘기를 보여준다. 다음 장면을 넘기면 오른쪽 귀퉁이에 "통, 통, 통, 탁! 가만, 이게 뭘까?" 오른쪽 귀퉁이에 몇 개의 글자만 있을 뿐, 펼친 면 가득 그림이 그려져 있다.

이 장면을 보며 "우와, 용가리 콧구멍이다"라고 반응하는 아이들이 있다. "아니야, 티라노사우루스 발톱이야"하고 상상의 나래를 펴며 즐거워하는 한편, "우리 아빠도 물수제비 잘 뜨셔. 지난번에 바다에서 아빠가 하는 것 보았어"하며 자신의 경험을 떠올리며 말을 하는 아이들도 있다. 그러나 유난히 그림에 관심을 갖고 물 튀기는 그림을 손바닥으로 만져보면서 "어떻게 그려야 이렇게 물이 정말 있는 것 같아요?"라고 묻는 아이도 있다.

이처럼 똑같은 장면을 보아도 각자 가지고 있는 재능 및 관심 분야에 따라 반응이 다양하다. 그러므로 유아와 책을 보며 이야기를 나눌 때 굳이 어른의 시각으로 생각을 강요할 필요는 없다. 유아도 스스로 그림을 보고 느끼며 즐기는 것이 중요하다.

동이 오빠가 순이를 업어주며, 아빠도 탄광에 돈 벌러 가셨으니

퐁, 퐁, 퐁, 탁!
가만, 저게 무얼까?

「동강의 아이들」

까 이따가, 이따가 오신다는 이야기를 읽다 보면 눈이 저절로 그림 속의 바위를 보게 된다. 세워서 책을 보면 소름 끼치듯 보이는 아빠의 얼굴이 보인다. "봐봐! 아빠가 탄광에 돈 벌러 가셨으니까, 불 나오는 모자를 썼지!" 아이는 그림을 보며 탄성을 지른다.

『동강의 아이들』의 맨 뒷장에는 '그림 속의 숨은 그림'을 친절하게 제시해놓았다. 이 장면을 보면, 앞에 스치고 지나간 다른 장면들을 다시 펼쳐서 보지 않을 수 없다. 2000년 그림책에 어떻게 이러한 기법을 접목하려 시도했는지 작가의 실험정신이 놀라울 따름이다. 또한 정성껏 그린 유화의 그림 솜씨에 저절로 고개가 숙여진다.

3장 그림책을 읽고 자라는 아이들

| 궁금해요! |

재미있는 독후활동을
할 수 있는 그림책 10권

독후활동은 말 그대로 책을 읽은 후에 하는 활동을 의미한다. 책을 감상하고 나서 책의 내용을 더 잘 이해하기 위해 하는 활동이다. 그림책을 읽어준다는 것은 단순히 문학적 경험만을 주는 것이 아니라 그와 관련된 여러 활동으로 이끌 수 있는 발판을 마련하는 것이다.

　유아교육기관에서는 그림책을 통해 여러 교과 영역을 통합한다. 다양한 수학적 지식 습득, 어휘력 향상, 바람직한 인성 및 올바른 가치관 함양 등을 교육 목적으로 하고 있기에, 그림책을 경험하는 과정에서 자연스럽게 언어교육, 수학교육, 예술교육 등 다양한 교육이 통합적으로 이루어진다.

　오감을 통한 다양한 독후활동은 유아에게 흥미와 소질을 발견하는 유익한 시간이 된다. 또한 창의성을 발휘할 기회를 가짐으로써 독창적이고 창의적인 사고를 확장시켜나갈 수 있다. 여기서는 독후활동을 하기 좋은 그림책 10권을 소개하고자 한다.

　물론 이 책들로만 독후활동을 할 수 있는 것은 아니다. 내용이 다른 책이라도 응용이 가능하다. 예를 들어 아기돼지가 나오는 그림책을 보고 난 뒤, 팬케이크를 구우며 그림책의 내용에 대해 이야기 나누는 활동은 『아기 돼지 삼형제』뿐만 아니라 다른 동물이 주인공으로 등장하는 그림책은 뒤에도 가능하다. 부모가 자녀와 함께 상호작용하며 독후활동 과정에 진심으로 참여하는 것이 가장 중요하다.

1. 신나는 물감놀이

『손바닥 동물원』
한태희 글·그림, 예림당, 2002

『손바닥 동물원』은 무엇보다도 한태희 작가의 창의적 표현이 아주 돋보이는 책이다. 손바닥을 이용한 여러 동물들을 표현한 책으로, 호랑이, 사자, 기린, 원숭이 심지어 물 위에 떠 있는 오리의 그림자까지 아주 멋있게 표현되어 있다. 특히 '오리'를 표현한 그림을 보면 감탄사가 절로 나온다. 오리가 물 위에 떠서 유유히 헤엄쳐가는 모습을 기발한 생각과 미적인 요소까지 겸비하여 아주 잘 표현하였다. 이 책을 읽은 뒤에는 그림을 보면서 하는 '손바닥 찍기' 놀이를 적극 권한다. 책 그림을 따라서 흉내 내다 보면 어느새 자신만의 독특한 아이디어가 생겨서 더욱 멋진 그림을 표현할 수 있다.

2. 주물럭주물럭 재미있는 밀가루 반죽놀이

『누가 내 머리에 똥 쌌어?』
베르너 홀츠바르트 글·볼프 에를브루흐 그림,
사계절출판사, 2002

한국 최고의 스테디셀러라 해도 손색이 없을 만큼 유명한 『누가 내 머리에 똥 쌌어?』이다. 밀가루 반죽을 만들어서 이 책에 나오는 등장인물의 똥을 표현하는 독후활동을 해보자.

준비물로는 밀가루, 물, 물감, 소금, 식용유가 필요하다. 밀가루 점토를 반죽을 할 때 자녀가 좋아하는 색 물감을 넣어서 호감을 갖고 놀 수 있도록 배려해야 한다. 또한 방부제 역할을 하는 소금을 첨가하고, 손에 밀가루 반죽이 묻지 않도록 식용유를 넣어야 한다. 적당량의 물을 넣고 반죽하면, 사랑의 엄마표 밀가루 점토가 만들어진다. 책을 앞에 펼쳐 놓고, 책에 등장하는 두더지, 개, 토끼, 소 등 각 동물들의 똥 모양을 만들면 저절로 미소가 지어진다. 제일 마지막 부분에는 '내 똥 모양 만들기'를 해본다. 각자의 모양과 크기를 비교하며 이야기꽃을 피우기에 아주 적당하다.

3. 내가 만든 꼬리따기 노래 부르기

『시리동동 거미동동』
제주도꼬리따기노래·권윤덕 그림, 창비, 2003

제주도의 꼬리따기 노래로 만든 그림책이다. "왕거미 거미줄은 하얘. 하얀 것은 토끼, 토끼는 난다, 나는 것은 까마귀, 까마귀는 검다…" 내용을 노래 부르듯이 읽는 것이다. 마치 "원숭이 엉덩이는 빨개, 빨가면 사과, 사과는 맛있어, 맛있으면 바나나…"처럼 소리를 내어 말하듯, 그렇게 노래를 부르며 감상하는 그림책이다. 책을 보고 만약 자녀가 "아빠, '토끼는 난다'라는 가사가 참 이상해. 토끼가 왜 날아? 토끼는 귀여워"라고 말을 한다면 아주 훌륭한 독후활동을 실행할 수 있다. 노랫말 바꿔 부르기를 하는 것이다. "하얀 것은 토끼, 토끼는 귀엽다. 귀여운 건 병아리, 병아리는 노랗다. 노란 것은 개나리…" 아이의 조그만 입으로 자신이 아는 단어를 총 동원하여 가사를 만들려고 하는 모습을 격려하고 칭찬해주면 더욱 신이 나서 노래 가사를 만들 것이다.

4. 독후화를 그려서 작가에게 보내기

『강아지똥』
권정생 글·정승각 그림, 길벗어린이, 1996

『강아지똥』을 감상한 뒤에는 가장 기억에 남는 장면을 독후화로 표현해보기를 권한다. 대다수의 많은 어린 독자들은 강아지똥이 민들레꽃을 꼭 끌어안으며 온몸으로 도와주려는 장면에 관심을 갖는다.

아이가 열심히 독후화를 그렸다면 그것을 작가에게 보내보자. 작가에게 편지 또는 그림을 보내는 방법은 책을 펴낸 출판사에 연락을 해서 문의하면 된다. 물론 출판사에서 작가의 연락처를 즉시 알려주지는 않는다. 대개 연락처를 남기면 작가에게 알려주거나, 출판사로 독후화를 보내면 작가에게 건네주는 경우가 많다. 이처럼 아이가 자신의 글 또는 그림을 작가에게 선물하여 직접 만나는 시간을 갖는다면 아주 멋진 '추억 만들기'가 될 것이다.

5. 재미있는 도장 찍기 놀이

『야채로 도장찍기』는 카레라이스를 하는 날 주인공이 야채를 이용해 도장을 찍으며 놀이를 하는 내용을 담은 그림책이다. 이 책을 읽은 후에는 아이와 함께 주인공처럼 그 활동을 직접 해보길 권한다. 독후활동은 아름다운 추억 만들기다. 그림책의 그림을 감

『야채로 도장찍기』
요시다 기미마로 글·그림, 한림출판사, 1997

상하며 자신도 표현하고자 하는 마음을 갖게 된다면 최고의 독서를 한 것이다.

자녀가 그림을 좋아하는 아이가 되길 바란다면, 목욕하기 전 목욕탕에서 그림을 그리는 기회를 제공해보자. 목욕탕 벽은 젖어도 되는 타일로 이루어졌다. 그 벽 위에 그림을 그릴 수 있는 종이를 붙여놓고, 색물감 통과 붓을 준비한다. 목욕하기 전이니까 옷을 모두 벗은 후 목욕탕에 들어가서 벽에 붙은 도화지에 쓱쓱 붓으로 그림을 그리거나, 야채로 도장을 찍는 활동 등을 한다면 정말 즐겁고 행복한 일일 것이다.

6. 그림자 동화 만들기

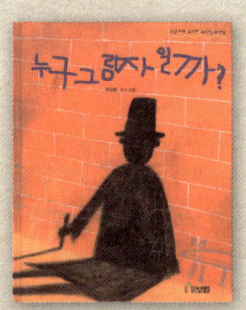

『누구 그림자일까?』
최숙희 글·그림, 보림, 2000

『누구 그림자일까?』처럼 그림자가 나오는 그림책을 보았다면 그림자놀이를 해보자. 주방 식탁 위에 장난감을 올려놓아 무대로 준비를 하고, 얇은 창호지나 보자기를 활용하여 가림막을 준비한다. 집 안의 불을 끄고, 모형 뒤에서 손전등으로 강한 빛을 비추면 그림자가 나타난다. 그림자로 다양한 장면을 연출하여 이야기를 꾸며내면 또 다른 동화책 한 권이

뚝딱 만들어진다. 그림자 모양이기에 더 많은 상상을 불러일으키게 될 것이다.

7. 나뭇잎 가면 만들기

『내가 만난 나뭇잎 하나』
윤여림 글·정유정 그림. 웅진주니어, 2008

『내가 만난 나뭇잎 하나』처럼 나뭇잎과 관련된 책을 보았다면, 주저하지 말고 집 주변에 있는 나뭇잎을 직접 만져보러 나가자. 낙엽 타는 냄새도 맡아보고, 낙엽을 모아서 조형놀이를 하며 그림도 그려보고, 큰 나뭇잎으로는 가면놀이도 가능하다.

8. 재미있는 보자기 놀이

『효재의 보자기 놀이』
이효재 글·김은정 그림, 마루벌, 2012

『효재의 보자기 놀이』는 한복 디자이너로 널리 알려진 이효재의 보자기를 소재로 한 그림책이다. 주인공 수빈이와 호준이는 보자기로 장바구니를 만들어 엄마 놀이를 하고, 망토를 목에 두르고 슈퍼맨이 되기도 하며, 보자기로 앞치마를 만들어 신데렐라가 되기도 한다. 이 책은 아이들이 보자기와 친해질 수 있도록 도와주며, 보자기의 실용성과 아름다움을 잘 전달하고 있다. 누구나 집에 있을 법한 보자기를 가지고 동화 속 주인공처럼 놀이를 하면서 상상의 나래를 펴는 것은 아름다운 일이다.

9. 나도 주인공! 책 속에 내가 있어요!

『콩콩콩』
앤디 컬런 글·사이먼 리커티 그림, 내인생의책, 2009

유아들 중에 콩을 좋아하는 아이들은 드물다. 콩을 씹었을 때의 껄끄러운 질감과 단맛이 전혀 없어 거부감을 느낀다. 그래서 콩밥을 먹을 때, 콩만 쏙 빼놓은 아이들이 꽤 많다. 그러나 유아기는 식습관을 지도하기에 최적기이므로 콩을 맛보게 하는 일은 매우 중요하다.

『콩콩콩』은 유아들이 쉽게 이해할 수 있도록 이야기가 잘 구성되어 있다. 특히 맨 뒤에 있는 "우리는 콩이 좋아"라고 외치는 이 장면을 활용하여 독후활동도 가능하다. 성별과 피부색, 사는 곳이 달라도 콩을 좋아하는 친구들이 온 세상에 이렇게 많이 있다는 것을 보여주고, 콩을 먹은 날, 자녀의 얼굴 사진을 오려서 이 장면 어딘가에 붙여 놓아 보자. 자신이 나오는 그림책이므로 더욱 좋아할 것이다.

10. 뚝딱뚝딱 가면 만들기

『나는 괴물이다』
최덕규 지음, 국민서관, 2011

『나는 괴물이다』을 감상한 후에 자신만의 독특한 아이디어로 종이봉투 가면을 만들어보자. 친구들과 함께 괴물놀이를 하면, 이 책을 오래도록 잊지 못할 것이다. 교육은 머리로만, 말로만이 아닌 몸으로 직접 행하는 실천이 중요하다. 자녀와 함께 아름다운 추억 만들기 독후활동을 한 가지라도 꼭 실천하기를 바란다.

부록

01
만 1세 추천 도서

누가 숨었지?
애플비 편집부 엮음, 애플비, 2007

이이들이 좋아하는 까꿍놀이를 이용한 헝겊책이다. "수풀 뒤에 누가 숨었지?", "까꿍! 나야, 나 원숭이!", "꽃 뒤에 누가 숨었지?", "까꿍! 나야, 나 코끼리!" 반복적인 말과 함께 선명한 그림이 돋보이는 책이다. 맨 뒤에 안전거울이 있어서 자신의 얼굴을 비춰볼 수 있다.

엄마 품은 따뜻해요
이은수 글·나애경 그림, 다섯수레, 2009

자전거를 타고 밖에 나가 놀다온 아이는 목욕을 한다. 목욕을 한 후 엄마에게 안긴다. 엄마의 품은 크고 따뜻하다. 아이가 바깥 놀이를 하고 엄마에게 안기기까지 경험하는 다양한 감각 체험을 통해 주변의 새로운 것을 탐색할 수 있게 해주는 책이다.

안녕
한유민 글·그림, 마루벌, 2014

각 장면이 아이가 친구들과 나누는 반가운 인사로 구성되어 있다. 유아들은 인사를 나누며 다른 사람을 인지하고 사회관계를 쌓아간다. 이 책은 '자신과 타인'을 인지하고 '우리와 친구'를 생각해보게 할 뿐만 아니라 서로의 모습이 달라도 친구가 될 수 있음을 깨닫게 해준다.

풍덩 시원해요
심조원 글·김시영 그림, 호박꽃, 2010

무더운 여름날 물놀이를 하면 시원하고 신이 난다. 이 책에서 포장지를 벗기고 물속에 던져지는 과일의 모습은 마치 물놀이를 하는 모습처럼 보인다. 책을 읽은 뒤에 아이와 함께 물놀이를 하며 여름 과일을 띄우며, 과일을 탐색해보면 좋다.

아가야 밥 먹자
여정은 글·김태은 그림, 길벗어린이, 2015

"동글동글 뭉쳐서 주먹밥을 먹을까? 김에 돌돌 말아 김밥을 먹을까?" 하고 아기에게 말을 거는 모습이 정겹고 친밀감을 높여준다. 아이와 "어떤 밥을 먹을까?" 이야기하면서 아이가 먹고 싶은 밥이 무엇인지 탐색한 후, 한 끼 식사를 차려보는 것은 어떨까?

내가 보이니? 나는 누구일까?
한지혜 글·그림, 한울림어린이, 2011

꼭꼭 숨어라! 머리카락 보일라! 세계 곳곳 아름다운 자연 속에 동물친구들이 숨바꼭질을 하고 있다. 이 동물들은 모두 사라질 위험에 처한 '멸종 위기 동물'이다. 조그마한 구멍 사이로 보이는 동물친구들의 모습을 보고 어떤 동물인지 아이들과 함께 탐색해보기 좋은 책이다.

콩콩콩 도장 놀이
엄미랑 글·최혜인 그림, 시공주니어, 2009

곰이와 함께 갖가지 도장을 찍으며 동그라미, 세모, 네모 모양 등과 다양한 색, 숫자 등 기본개념을 익힐 수 있는 책이다. 아이들이 좋아하는 반복 구조와 의성어, 의태어가 살아 있어 읽을수록 재미를 더한다.

반대말
질 맥도널드 그림, 문학동네어린이, 2008

귀여운 동물 그림과 예쁜 그림, 퍼즐로 자연스럽게 반대말을 익힐 수 있도록 한 책이다. 퍼즐을 통해 열 손가락을 움직여 소근육 발달에도 좋다. 퍼즐을 뒤집어놓고 무슨 그림인지 맞춰보거나 퍼즐 아래 숨어 있는 것을 찾아보면서 효과적인 놀이를 할 수 있다.

누구야?
정순희 글·그림, 창비, 2005

주변에 흔히 볼 수 있는 동물들을 등장시켜 단어와 색감을 자연스럽게 익힐 수 있도록 한 책이다. 친숙한 동물들이 공, 바구니, 신문지, 이불 속에 몸을 감추고 있다가 까꿍놀이 하듯 제 모습을 보여주어 아이는 큰 즐거움을 느낀다.

누구게?
세바스티앵 브라운 글·그림, 시공주니어, 2011

아이들의 생활공간인 집 안과 밖을 배경으로 담았다. 배경 그림을 통해 신발, 컵, 모자, 블록 등 아이가 일상 속에서 자주 접하는 단어를 인지할 수 있다. 플랩을 활용하여 아이들이 좋아하는 까꿍놀이를 확장하여, 동화에 흥미를 가질 수 있도록 했다.

다 함께 응가해요
후쿠다 이와오 글·그림, 책과콩나무, 2014

아이들은 배변에 두려움과 스트레스를 받으며, 변기를 거부하곤 한다. 그러한 아이들의 행동은 발달과정의 하나이다. 책에서 여우, 돼지와 곰이 행복한 얼굴로 배변활동을 하는 것을 보면서 호기심을 느끼고, 자발적으로 변기에 앉아 기분 좋게 배변활동을 할 수 있도록 유도한다.

기차가 칙칙폭폭
뻬떼르 호라체크 글·그림, 시공주니어, 2007

기차와 함께 떠나는 흥미진진한 여행! 산의 비탈과 터널, 자동차의 겉모양, 창문 등에 모양이 나 있어 직접 만져보고 탐색하며 즐길 수 있는 책이다. 또 다양한 의성어를 통해 언어적 자극을 주어 언어능력을 신장시킬 수 있다.

시계 탐정 123
서영 글·그림, 책읽는곰, 2014

아기를 둘러싼 세상은 숫자들로 가득하다. 이 책은 시계탐정과 함께 집 안 곳곳에 숨어 있는 1부터 12까지의 숫자를 척척 찾아내는 내용이다. 아이와 부모가 일상생활에서 숫자에 대해 틈틈이 이야기 나누며, 자연스럽게 숫자를 익힐 수 있다.

엄마랑 아빠랑 높이높이
우치다 린타로 글·모토노무 기미히사 그림, 길벗어린이, 2013

아이에게 친숙한 동물 가족이 나와서 여러 가지 몸놀이를 보여준다. 코끼리는 엄마, 아빠의 코를 이용하여 그네를 타고, 원숭이는 엄마, 아빠의 긴 꼬리로 줄넘기를 한다. 엄마, 아빠와 함께 놀이하며 정서적으로 안정감을 찾고, 애착을 형성하는 아이들의 마음을 엿볼 수 있는 책이다.

찾았다, 내 친구!
심스 태백 글·그림, 베틀북, 2008

칼데콧 상 2회 수상 작가 심스 태백의 유쾌한 말놀이 책이다. 재미있는 말놀이로 아이의 어휘력과 사고력을 신장시킬 수 있다. 뿐만 아니라, "친구야 어디 있니?"라는 질문이 반복되면서 동물의 이름과 생김새를 자연스럽게 알려준다.

응가, 뿌지직 뿡!
행복의나무 글·이정은 그림, 큰북작은북, 2010

골고루 먹고, 즐겁게 배변하는 바람직한 생활 습관 형성에 도움을 주는 책이다. 동물이 음식을 먹는 소리를 '사각사각', '오도독오도독', '오물오물' 등 재미있는 의성어로 표현하여 자연스럽게 말놀이를 할 수 있다.

앞옆뒤
스즈키 마모루 글·그림, 뜨인돌어린이, 2013

사람들은 보통 사물을 볼 때 한쪽만 본다. 한쪽만 보다 보면 사고력이나 관찰력이 떨어진다. 이 책은 고양이, 강아지, 엄마, 아빠 등의 앞모습, 옆모습, 뒷모습을 살펴본다. 보는 방향에 따라 모양이 달라지는 것을 탐색할 수 있으며, 공간 지각 능력도 키울 수 있다.

어떻게 잡지?
고미 타로 글·그림, 문학동네어린이, 2005

호기심을 불러일으키는 작은 구멍을 통해 아이의 상상력을 무럭무럭 자라나게 해주는 그림책이다. 또 책을 움켜쥐듯 세 개의 구멍에 손을 쫙 펴서 손가락을 넣어보면 각 장에 있는 사물을 손에 쥔 것처럼 보인다.

손가락이 꼬물꼬물
김지유 글·신유진 그림, 블루래빗, 2015

아이의 손은 제2의 두뇌이다. 따라서 손 놀이는 단순한 놀이가 아니라 두뇌 기능을 활성화하는 데 도움을 준다. 이 책은 다양한 손 놀이로 균형 잡힌 두뇌의 발달을 돕는다. 사과에 뚫린 구멍에 손가락을 쏙 넣으면 꿈틀꿈틀 움직이는 애벌레가 된다.

진짜 진짜 사랑해!
설라이나 윤 글·그림, 키즈김영사, 2012

펭귄 핑코와 따뜻한 숲에 사는 핑코의 우정을 다룬 그림책이다. 사랑스러운 캐릭터와 따뜻한 감성이 묻어나는 그림이 돋보인다. 또 짧은 문장과 쉬운 단어 사용으로 즐거운 책읽기를 할 수 있다.

02
만 2세 추천 도서

옷을 입자 짠짠
정은정 글·박해남 그림, 비룡소, 2009

아이들이 옷 입는 순서와 방법을 익히게 도와주는 책이다. 플랩북 형식으로 되어 있어서 호기심을 유발시킨다. 주인공 승욱이의 익살스런 표정과 행동을 통해서, 옷 입는 것을 재미있는 놀이처럼 생각할 수 있도록 도우며, 다양한 흉내말과 몸의 명칭을 자연스럽게 터득할 수 있다.

재미있는 몸놀이
잎새달 기획·김현 그림, 와이즈아이, 2010

아이에게 친숙한 고양이, 강아지와 같은 동물과 꽃의 움직임을 따라하는 몸놀이 책이다. 그림 속의 아이를 따라하며 신체를 움직이고 조절해 보며 운동신경을 발달시킨다. 신체 발달뿐만 아니라, 반복되는 말과 의성어, 의태어로 리듬감을 주어 학습 효과가 높다.

나비가 팔랑팔랑
베뜨르 호라체크 글·그림, 시공주니어, 2005

질문을 하면 그 다음 페이지에 나오는 플랩을 열어 답을 확인할 수 있도록 만든 책이다. 플랩을 열었다 닫았다 하면서 아이가 능동적으로 책을 읽을 수 있다. 『나비가 팔랑팔랑』을 비롯해 12개의 주제를 다룬 시리즈가 출간되어 있다.

너는 어떤 씨앗이니?
최숙희 글·그림, 책읽는곰, 2013

씨앗이 꽃으로 피어난 모습을 그린 책이다. 그뿐만 아니라, 씨앗 옆에는 아이의 모습을, 꽃 옆에는 멋지게 자란 소녀의 모습을 표현하여 아이의 성장과정을 씨앗과 꽃으로 비유하였다. 모든 사람이 씨앗을 품고 꽃이 될 수 있다는 용기의 메시지를 담은 책이다.

'튀어나와요! 움직여요!' 시리즈
와라베 키미카 글·그림, 대교출판

아이의 손에 쏙 들어가는 작고 아담한 크기의 책이다. 주제별 낱말의 특징이 덧붙여진 귀여운 책을 보며 자연스럽게 동물과 식물, 탈것, 곤충의 이름과 특징을 배울 수 있다. 뿐만 아니라 팝업, 플랩, 돌리기, 잡아당기기 등 다양한 조작이 들어 있어 아이의 소근육 발달에 좋다.

느낌이 왔어!
고미 타로 글·그림, 한림출판사, 2010

아이들은 앞치마를 두르면 요리사가 되고 싶고, 야구를 할 때는 야구 선수가 되고 싶고, 하고 싶은 것들이 많다. 이런 아이들에게 가장 잘할 수 있는 일은 무엇일지 생각해 볼 수 있는 기회를 만들어주는 책이다.

내가 입을래
조은수 글·그림, 한울림어린이, 2014

옷 입기는 아이들이 익혀야 할 생활습관이다. 하지만 옷 입기는 아이들에게 귀찮은 일이다. 이 책은 옷 입기를 싫어하는 아이들의 마음을 움직이고, 옷을 입는 순서를 자연스럽게 익힐 수 있게 해준다.

나는 누구 아기일까요?
존 버틀러 글·그림, 그린북, 2008

사진보다 정확하고 생생한 세밀화로 그린 그림책으로, 사물에 관심을 가지고 보는 아기들 눈에 부담을 주지 않도록 색감이 부드럽다. 부모와 책을 가운데에 놓고, 서로 이야기를 주고 받기에 적합하다.

꽥꽥 오리야, 안녕?
책마중 글, 재컬린 이스트 그림, 스마트베어, 2014

엄마 오리가 아기 오리에게 바깥세상을 보여주고 싶어 모험을 떠나는 내용의 그림책이다. 사운드 북으로 제작되어 소리를 통한 자극으로 두뇌를 발달시킬 수 있다. 또한 아기의 손에 쏙 들어오고 작고 아담한 사이즈이기 때문에 놀이하기도 편하다.

딸랑딸랑 딸랑곰
이상희 글·서영아 그림, 보림, 2013

딸랑곰이 아침에 일어나 친구 집에 가는 모습을 그린 책이다. 반복적인 구조로 만들어 리듬이 있고, 읽으면서 음률이 생긴다. 모든 장면마다 의성어가 들어가 있어 시각적인 이미지를 청각적으로 느낄 수 있다.

부르릉 자동차가 달려요
다섯수레 글·최나미 그림, 다섯수레, 2009

자동차를 주인공으로 하여 여러 가지 탈것을 구별하게 하는 배움 놀이 그림책이다. 우리 고유의 놀이노래와 동시, 동요가 따뜻하고 생동감 넘치는 그림과 함께 펼쳐지며, 크게 몸놀이, 말놀이, 배움놀이의 세 부분으로 나누어져 있다.

크고 작고
김지유 글·그림, 블루래빗, 2015

주변에서 쉽게 볼 수 있는 사물들을 통해 크다, 작다를 알맞게 표현하며 언어 능력을 신장시키는 책이다. 엄마 가방과 내 가방, 아빠 자동차와 장난감 자동차 등 친숙한 소재로 아이의 흥미를 끈다. 또한 책의 가운데가 분리되어 큰 책-작은 책 두 가지 형식으로 볼 수 있다.

인사해요 뿡뿡!
애플비 편집부 엮음, 애플비, 2010

방귀대장 뿡뿡이와 함께 인사 놀이를 할 수 있도록 만든 헝겊그림책이다. 뿡뿡이 손 인형 놀이는 부모와 아이의 유대감을 키워줄 뿐만 아니라 손 인형으로 손 인사를 하고, 배꼽 인사 등을 함으로써 친밀감 형성과 원만한 사회성 발달을 도울 수 있다.

따르릉 따르릉
조우영 글·그림, 사계절, 2007

자전거를 탄 아이가 강가 공원을 따라 가면서 물 흐르는 소리, 오리 소리, 달리기 하는 이의 숨소리 등을 듣는다. 그림책 속에 등장하는 다양한 소리들은 모두 서로 조화를 이루며, 노란 길, 빨간 가로등, 까만 고양이, 노란 집, 알록달록 자동차 등 색들이 선사하는 즐거움까지 가세한다.

나도 나도
최숙희 글·그림, 웅진주니어, 2009

세상을 탐색하기 시작한 아이가 "나도 나도"라고 말을 하며 주변을 따라하는 모습을 그린 책이다. 다양한 의성어, 의태어를 사용해 아이가 즐겁게 보고, 노래하듯 들으며 따라해볼 수 있다. 아이들이 혼자서 무언가 해보는 것은 성장과 발달에 중요하다는 이야기를 담고 있다.

꼬마경찰 구름이
크리스토프 니만 글·그림, 사계절, 2007

꼬마 구름이의 꿈은 경찰이다. 꼬마 구름이는 파랗고 커다란 모자를 쓰고 사람들을 돕고 싶어 한다. 꼬마 구름이처럼 무한한 가능성을 가진 아이들이 자신만의 개성을 찾는 과정을 보여주는 책이다.

블록친구
이시카와 코지 글·그림, 키다리, 2010

아이들이 가장 좋아하는 블록을 주인공으로 한 그림책이다. 블록 공장에서 나온 블록 친구와 여러 가지 블록을 수레에 싣고 설레는 여행을 떠나는 내용으로, 여행길에 새로운 친구를 만나고 어려운 상황에 지혜롭게 일을 해결하는 이야기를 담았다.

숨바꼭질 ㄱㄴㄷ
김재영 글·그림, 현북스, 2013

낱글자 모양으로 뚫린 구멍을 통해 숨바꼭질 놀이를 한다. 'ㄱ'에 숨어 있는 '기린'이라는 글자를 보며 아이는 'ㄱ'을 더 쉽게 인지할 수 있다. 손으로 구멍을 직접 만지고 탐색해보며 글자와 친해질 수 있고, 공부를 한다는 느낌보다는 놀이를 하며 한글을 익힐 수 있다.

꼴찌 강아지
프랭크 애시 글·그림, 마루벌, 2008

아홉 형제 중 막내로 태어난 강아지는 엄마 젖도 꼴찌로 먹고, 눈도 꼴찌로 뜬 꼴찌 강아지이다. 꼴찌 강아지는 항상 느리고 뭔가 부족하다. 하지만 꼴찌 강아지를 통해 세상의 모든 꼴찌에게 자존감을 키워줄 수 있다는데… 그 방법은 무엇일까?

설날
윤극영 글·박정숙 그림, 문학동네어린이, 2012

"까치 까치 설날은 어저께고요~ 우리 우리 설날은 오늘이래요!" 유명한 동요 「설날」의 노랫말을 사용한 그림책이다. 함께 한복을 입고 세배를 드리는 모습과 덕담을 나누는 모습, 떡국 한 그릇을 먹는 우리나라의 설날 풍경을 감상할 수 있는 그림책이다.

03
만 3세 추천 도서

사자와 생쥐
제리 핑크니 글·그림, 별천지, 2010

칼데콧 상을 수상한 글 없는 그림이야기 책으로, 사자에게 잡혀 먹을 뻔 했지만 살아 남은 생쥐가 은혜를 갚는 내용이다. 사냥꾼의 그물에 걸린 사자를 생쥐는 이빨로 밧줄을 갉아 구해준다. 작은 생명이라도 큰 생명에게 도움을 줄 수 있다는 것을 알려준다.

고향의 봄
이원수 글·김동성 그림, 파랑새, 2013

나의 살던 고향은 꽃피는 산골 복숭아꽃 살구꽃 아기진달래 울긋불긋 꽃 대궐 차리인 동네…. 「고향의 봄」 노래 가사를 동화로 그린 작품으로, 다양한 꽃을 보며 봄의 풍경을 느낄 수 있다. 동화를 보다 보면 나도 모르게 노래를 흥얼거리게 된다.

장다리꽃과 애벌레
윤구병 기획·이정현 그림, 휴먼어린이, 2011

조그마한 애벌레가 무잎을 갉아 먹고 있다. 징그러운 애벌레가 자신의 잎을 먹는 것이 싫은 무잎은 애벌레를 쫓아낸다. 하지만 무잎에서 꽃이 피고, 꽃을 찾아온 나비는 그때 쫓겨난 애벌레였다. 무잎과 애벌레를 통해 생태계의 현상을 자연스럽게 깨닫게 하는 책이다.

엄마 언제 와?
김수정 글·지현경 그림, 봄볕, 2013

엄마 없이 하루를 보내게 된 가족의 이야기를 보여주는 그림책이다. 엄마가 없어 하루 종일 우왕좌왕 서투른 아빠의 모습이 재미있게 그려져 있다. 서툴지만 아이들을 위해 노력하는 아빠의 마음을 느낄 수 있으며, 아빠와 함께 엄마를 기다리며 가족의 소중함을 깨달을 수 있다.

엄마 손을 잡으면
아라이 에쓰코 글·오카다 치아키 그림, 천개의바람, 2014

유치원 발표회 날, 민아는 두려움 때문에 눈물을 흘린다. 하지만 민아는 유치원 오기 전에 엄마의 손을 꼭 잡은 기억을 떠올린다. 민아는 엄마가 자신을 응원하고 있다고 생각하며, 무대를 성공적으로 마친다. 엄마와 민아가 손을 잡는 건 "좋아해"라는 둘만의 암호이기 때문이다.

여름이 왔어요
윤구병 기획·정지윤 그림, 휴먼어린이, 2011

뜨거운 햇빛 아래 시골 아이들이 물놀이를 하는 풍경과 수박이 열리고, 감자가 열리는 다양한 여름 풍경을 보여주는 그림책이다. 시골 특유의 정경이긴 하지만 작가는 아이들의 천진난만함은 도시 아이들이나 시골 아이들이나 다 같은 모습이라고 이야기한다.

우아! 바다다!
로버트 뉴베커 글·그림, 키즈엠, 2013

바다 곳곳의 멋진 모습을 담고 있는 그림이야기 책이다. 조개, 불가사리, 가오리, 고래, 상어, 해파리, 깊은 바다 생물들, 산호초, 돌고래, 말미잘, 거북이 등 다양한 종류의 바다 생물들을 만나며 시원한 바다를 느낄 수 있다.

시리동동 거미동동
제주도 꼬리따기 노래·권윤덕 그림, 창비, 2003

제주도에서 불리는 꼬리따기 노래를 그림책에 맞춰 고친 것으로, 제주도의 다양한 풍경을 배경으로 하고 있다. 아이들의 말장난 놀이를 통해 우리말의 재미를 즐길 수 있으며, 제주도 고유의 향토 분위기를 느낄 수 있다.

깊고 깊은 산속에 하나 둘 셋
유문조 글·그림, 길벗어린이, 2015

말놀이를 하며 숫자 세기를 배우는 그림책이다. '방귀'라는 요소로 아이들이 재미있고 흥미를 느끼며 즐겁게 읽을 수 있다. 한편 꽃, 나비, 사슴, 두루미와 같은 그림을 배경으로 하여 우리나라 전통 문화의 정서를 함께 느낄 수 있다.

네가 제일 좋아
트레이스 모러니 글·그림, 푸른날개, 2015

사랑으로 가득 찬 아이의 순수한 마음을 그대로 옮겨놓은 감정 팝업북이다. 가족과 친구들에게 사랑받는 아이는 사랑을 베풀고 나눌 수 있다. 이 책은 사랑하는 사람을 꼭 안아주고 싶고, 돌봐주고 싶은 주인공 토끼의 마음을 통해 사랑을 나누는 방법을 알려준다.

이제 너랑 말 안 해!
니콜라 킬런 글·그림, 키즈김영사, 2012

귀여운 펭귄 '펭토리'와 '리틀펭'은 무엇이든 함께하는 세상에서 둘도 없는 가장 친한 친구이다. 어느 날 사소한 다툼으로 서로 말도 하지 않게 되는데, 이들이 화해하는 과정을 보여주며 친구 사이의 용서와 우정을 그린 그림책이다.

'씽씽 자동차 책' 시리즈
앤드루 크로우슨 글·그림, 시공주니어, 2008

다양한 자동차들의 특징을 배울 수 있는 시리즈 도서다. 도와주는 차(소방차, 구급차, 경찰차)와 경주하는 차(핫로드, 스톡카, 인디카), 일하는 차(굴착기, 덤프트럭, 레미콘) 등 자동차의 역할을 알려주며, 스티커를 붙여가며 재미있게 자동차를 배울 수 있도록 제작되었다.

고맙습니다
박정선 글·백보현 그림, 한울림어린이, 2010

맛있는 사과가 엄마→아빠→과일가게→트럭→농부→사과나무→자연으로부터 온 것이라는 자연 순환의 고리를 보여준다. 노력을 한 사람들뿐만 아니라, 사과를 맺을 수 있도록 도와준 흙, 해, 비 등 자연의 소중함도 느낄 수 있는 책이다.

꼭꼭 숨어라, 호랑이한테 들킬라
박종진 글·김성미 그림, 키즈엠, 2013

우리나라에서 전해 내려오는 숨바꼭질 노래를 응용한 그림책이다. 동물들이 우리 조상들이 사용하던 옛 생활 도구들에 몸을 숨기고 있어, 유아가 플랩을 열어 동물 찾기 놀이를 하면서 자연스럽게 조상들의 생활 도구들을 익힐 수 있다.

효재의 보자기 놀이
이효재 글·김은정 그림, 마루벌, 2012

한 번 쓰고 버리는 포장지가 아닌 쌌다 풀었다 할 수 있는 고운 빛깔 보자기는 아이들에게 훌륭한 놀잇감이다. 이 책에서 수빈이와 효준이는 앞치마와 두건을 만들고, 신데렐라 놀이, 슈퍼맨 놀이를 한다. 보자기를 이용하여 아이들과 함께 할 수 있는 놀이를 배워보자.

아기 다람쥐의 모험
신경림 글·김슬기 그림, 바우솔, 2013

도토리를 찾아 세상에 나들이를 떠난 아기 다람쥐의 이야기이다. 주변 세계에 호기심을 갖고 탐구하는 다람쥐의 모습이 아이의 모습과 같아 흥미를 이끌어낼 수 있는 책이다. 또, 도토리를 한가득 들고 오며 가족을 생각하는 모습을 통해 가족에 대한 사랑도 자연스럽게 느낄 수 있다.

기분을 말해 봐!
앤서니 브라운 글, 앤서니 브라운 그림, 홍연미 옮김, 웅진주니어, 2011

최고의 그림책 작가 앤서니 브라운의 감정 그림책이다. 주인공 침팬지는 여러 가지 상황에서 느끼는 다양한 감정을 나열한다. 지루함, 부끄러움, 자신만만함 등 일상 속에서 느끼는 일반적인 감정들이다. "너는 어때?"라고 묻는 침팬지의 모습은 아이의 건강한 감정 표현을 돕는다.

말놀이 동요집
최승호, 방시혁 글·윤정주 그림, 비룡소, 2013

동요를 들으며 자연스럽게 한글을 익힐 수 있다. "콩콩쿵쿵쿵킹콩콩" 등 문장과 단어가 반복되는 동요를 따라 부르다 보면 우리말의 소리와 리듬이 주는 재미를 느낄 뿐만 아니라 다양한 낱말과 그 소리와 뜻을 탐색해볼 수 있다.

나 집에 갈래
브리타 테켄트루프 글·그림, 보림, 2014

검은 배경 속에서 노란 눈이 반짝일 때면 아이는 긴장감과 함께 호기심을 느낀다. 그 다음 장을 넘기면 노란 눈의 주인공의 정체가 드러난다. 반복되는 구조에 아이는 흥미를 느끼고, "그래그래, 힘껏 달려가렴!"이라는 문장이 반복되어 소리 내서 읽기 좋다.

두근두근 날씨!
이상교 글·배현주 그림, 고래가숨쉬는도서관, 2015

사계절이 아닌 아지랑이, 이슬비, 별 밝은 날, 무더운 날, 태풍, 호되게 추운 날씨 등 눈으로 보고 손으로 느끼는 날씨의 다양한 느낌을 표현한 책이다. 아이와 함께 오늘의 날씨는 어떤지 탐색하며 이야기를 나누어보면 좋다.

04
만 4세 추천 도서

만지지마, 내 거야!
유희정 글·혜경 그림, 휴먼어린이, 2012

유치원에서 공동생활을 하는 아이들은 흔히 "만지지마, 내 거야!"라는 말을 많이 사용한다. 이러한 상황에서 아이들이 어떻게 반응하는지, 긍정적으로 해결하는 방법은 무엇인지 아이들과 함께 알아볼 수 있다.

민들레와 애벌레
김근희 글·그림, 휴먼어린이, 2010

민들레는 한 자리에서 꼼짝도 못하는 처지이다. 꼼짝하지 못하는 민들레에게 애벌레는 세상의 이야기를 들려준다. 애벌레로 인해, 민들레는 희망을 갖게 된다. 희망을 갖게 된 민들레는 꽃씨를 피우고, 나비가 된 애벌레와 함께 날아다니게 된다.

온 세상에 친구가 가득
신자와 도시히코 글·오시마 다에코 그림, 책읽는곰, 2008

아이들은 자신이 갖고 놀고 싶은 것들을 '친구'라고 부른다. 한 아이가 '친구의 친구는 친구야!'라고 말하자 아이들은 세상의 모든 것들이 나의 '친구'라고 이야기하게 된다. 그렇게 아이들이 세상의 모든 '친구'를 찾으러 떠나는 내용의 책이다.

꼬물꼬물 땅속 작은 벌레
다시로 치사토 글·그림, 다림, 2013

흙 속에 있는 작은 알이 애벌레의 모습을 거쳐 어른벌레가 되는 과정을 그린 그림책이다. 생명의 신비로움과 작은 자연의 성장을 보여주며, 흙 속에서 살아가는 벌레들의 모습을 엿볼 수 있는 재미를 준다.

밭의 노래
이해인 글·백지혜 그림, 샘터사, 2014

식탁에 올라오는 채소와 열매들이 어떻게 자라는지 궁금한 어린이들 뿐만 아니라 밭의 풍경이 그리운 어른까지 함께 읽으면 좋은 책이다. 밭의 풍경과, 밭에서 자라는 여러 채소와 열매의 모습을 감상할 수 있다.

고라니 텃밭
김병하 글·그림, 사계절출판사, 2013

김씨아저씨의 텃밭을 망친 범인은 바로 고라니였다. 허수아비와 울타리를 세워봤지만, 아무 소용이 없었다. 아저씨는 고라니가 텃밭에 못 들어오게 하려고 노력한다. 하지만 아기가 있는 고라니의 모습을 본 아저씨는 텃밭을 두 개로 나누어 고라니 텃밭을 만들어준다.

언니가 생겼어
이유정 글·김수옥 그림, 아르볼, 2013

어느 날, 윤이에게 새로운 언니가 생긴다. 언니의 이름은 미리암이고, 아주 멀리 살고 쓰는 말도 다르다. 엄마 아빠는 같이 살지 않아도 이젠 미리암과 가족이 되었다고 한다. 윤이와 미리암이 한 가족이 되기까지 다사다난한 이야기를 그림일기 형식으로 담은 책이다.

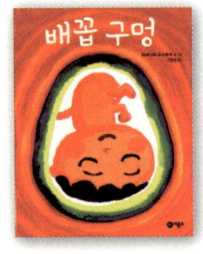

배꼽 구멍
하세가와 요시후미 글·그림, 비룡소, 2011

뱃속의 아기는 엄마의 배꼽을 통해 세상을 구경한다. 가족들의 얼굴을 보고 목소리도 들으며, 가족들이 아기를 기다리는 마음을 느낀다. 아이를 만날 준비를 하는 가족의 모습을 생생하게 그려냈다.

아빠! 머리 묶어주세요
유진희 글·그림, 한울림어린이, 2013

엄마가 없는 동안, 은수는 유치원에서 생일파티가 열린다며 아빠에게 머리를 묶어달라고 한다. 머리 묶는 것이 다른 집안일을 하는 것보다 어려운 아빠는 시도 때도 없이 머리 묶기를 연습한다. 덕분에 아빠는 멋진 솜씨로 은수의 머리를 묶어주며 은수는 아빠의 사랑을 느낀다.

아랫집 윗집 사이에
최명숙 글·그림, 고래뱃속, 2014

우리나라 국민의 65% 정도가 아파트에서 살고 있다. 이로 인해 생겨난 층간소음 문제를 소재로 한 그림책이다. 층간소음으로 인해 크고 작은 사건들이 발생하고 있지만, 이 책을 보면 '층간소음'은 정말 간단한 방법으로 해결할 수 있음을 알 수 있다.

시골쥐와 감자튀김
고서원 글·그림, 웅진주니어, 2012

이솝 우화 『시골쥐와 서울쥐』를 2012년 서울을 배경으로 새롭게 풀어낸 그림책이다. 시골쥐가 서울쥐를 따라 도시에 갔다가 여러 일들을 겪고 다시 시골로 돌아와 마음의 평온을 얻는다는 이야기다. 아이들에게 자연에서 얻은 음식이 얼마나 소중한지 느끼게 한다.

유타의 새 자전거
후쿠다 이와오 글·그림, 북뱅크, 2011

유타는 새 자전거를 친구들에게 자랑하고 싶어, 곧 바로 자전거를 타고 공원으로 달려나간다. 유타의 자전거를 본 친구들은 유타에게 자전거를 태워달라고 하지만 유타는 심술을 부리고 혼자서만 자전거를 탄다. 심술을 부리다 외톨이가 된 유타는 어떻게 되었을까?

날쌘 비행기
베크 와드 글·앤드류 크로우슨 그림, 비룡소, 2004

다양한 비행기의 종류와 더불어 비행기의 내부 구조와 움직임을 탐색할 수 있는 입체적인 책이다. 조종실의 문도 열어보고, 비행기의 날개도 젖혀보고, 바퀴도 움직이면서 아이들의 흥미를 배로 끌 수 있다.

자전거 탈 줄 아니?
김진완 글·이정현 그림, 책읽는곰, 2012

튼튼곰 시리즈로, '두발자전거 타기'에 대한 이야기이다. 주인공 환이가 동물 친구들에게 두발 자전거를 가르쳐주는 이야기를 담고 있다. 네발자전거의 보조바퀴를 떼고 두발자전거를 타고 싶은 아이들의 마음을 순수하게 그려낸 책이다.

허허 할아버지네 감나무
스토 아사에 글·오리모 교코 그림, 김난주 옮김, 을파소, 2011

허허 할아버지는 나무의 맛있는 감을 혼자 다 먹고 싶고, 보물로 생각한다. 그래서 동네아이들과 할머니가 감, 감꼭지 등 감나무를 달라고 할까봐 불안해한다. 하지만 할머니가 감꼭지 하나로 감사하는 마음을 보고 할아버지의 마음은 달라진다.

어치와 참나무
이순원 글·강승은 그림, 북극곰, 2014

우리나라에는 참나무 숲이 참 많다. 그 이유는 어치의 귀여운 실수 때문이다. 어치는 도토리를 혼자 먹기 위해, 땅 속에 도토리를 숨긴다. 하지만 도토리를 숨긴 장소를 잊어버리고 만다. 그런데 땅 속에 숨긴 도토리가 자라 참나무가 된다. 아이들에게 자연의 섭리를 설명하기 좋은 책이다.

호박이 넝쿨째
최경숙 글·이지현 그림, 비룡소, 2012

호박이 생명력을 보여주며, 호박의 성장과정을 보여주는 그림책이다. 호박은 다른 식물들과는 다르게 보살핌을 주지 않아도 무럭무럭 자라나는 채소이다. 작은 씨앗에서 끊임없이 나오는 호박에 대한 고마움과 주변 곤충과 동물들을 엿볼 수 있다.

우리 마을이 사막으로 변해 가요
유다정 글·황종욱 그림, 미래아이, 2014

세계의 사막화가 심각하게 대두되고 있는 요즘 사막에서 살아가는 아이들의 이야기이다. 학교를 가고 싶은 미노이는 학교 대신 물을 구하러 다닌다. 미노이의 안타까운 처지를 보고 우리가 지금 당장 실천할 수 있는 일이 무엇인지 생각해보게 한다.

숲 속 동물들이 사는 눈 아래 비밀 나라
케이트 메스너 글·크리스토퍼 사일러스 닐 그림, 사파리, 2014

눈이 쌓인 땅 위는 조용하고 고요하다. 하얀 도화지 같은 눈밭에는 동물들의 발자국이 나 있고, 땅속에는 동물들이 겨울잠을 자고 있다. 눈 아래 비밀 나라에 있는 동물들을 찾아보고, 동물들의 겨울 생활을 알려주는 책이다.

이럴 때 너라면?
고민 타로 글·그림, 천개의바람, 2014

요즘은 자신이 원하는 것을 뚜렷하게 밝히지 못하고 기회를 놓치는 사람들이 많다. 어린아이들이 자신의 생각을 밝히고 정확한 선택을 할 수 있도록, 다양한 질문을 통해 생각할 수 있는 기회를 주고, 선택을 연습시켜주는 책이다.

05
만 5세 추천 도서

유치원 버스 아저씨의 비밀
가와노우에 에이코, 가와노우에 켄 글·그림, 키다리, 2015

매일 아침 우리를 유치원으로 데려다주는 유치원 버스 아저씨는 익숙하지만, 항상 무서운 표정으로 운전을 한다. 항상 무섭고, 멀게만 느껴졌던 유치원 버스기사 아저씨의 비밀이 하나씩 밝혀질수록 아이들과 아저씨는 점점 가까워진다. 아저씨의 비밀은 무엇일까?

나만 탈거야
민들레 글·김준문 그림, 크레용하우스, 2012

아이들에게 놀이터는 친구와 놀이를 할 수 있는 최고의 장소이다. 놀이터에서는 아이들 사이에 많은 다툼들이 일어난다. 친구와 즐겁게 놀이할 수 있도록 지켜야 할 규칙과 약속에 대해 알려주는 책이다.

또박또박 말해요
줄리아 도널드슨 글·카렌 조지 그림, 살림어린이, 2011

자신의 생각을 잘 표현하지 못하는 아이, 다른 사람 앞에서 말을 할 때 얼굴이 빨개지는 아이 프레디와 프레디의 소원을 들어주는 벨의 이야기이다. 소원을 똑바로 말하지 못하는 프레디의 소원은 과연 이루어질 수 있을까?

꿈틀꿈틀 애벌레 기차
니시하라 미노리 글·그림, 북스토리아이, 2014

아이들은 곤충에 호기심이 많다. 이 책에서는 애벌레 기차를 타고 곤충 동산을 관광하며, 귀여운 곤충뿐만 아니라 무시무시한 거미와 같은 곤충들을 만난다. 노래를 부르고 음식을 하는 곤충들을 보며 아이들은 자신과 닮은 곤충 친구들의 세계에 빠져든다.

우리 아빠가 좋은 10가지 이유
최재숙 글·김영수 그림, 아이세움, 2012

바쁜 아빠와 함께 휴일을 보내는 아이의 기분을 그려낸 그림책이다. 아이는 아빠가 장난꾸러기라서 좋지만, 방귀를 뀌어놓고 툭툭 아이의 엉덩이를 치는 것이 귀찮다. 10가지의 아빠가 좋은 이유를 말한다. 하지만 아이는 결국 아빠라서 '무조건 좋다'라고 고백한다.

내 이름
신혜은 글·이철민 그림, 장영, 2014

이름은 일상적으로 쉽게 불리지만 그 속에는 여러 철학적인 의미가 담겨 있다는 것을 알려주는 책이다. 아이들에게 추상적인 내용을 보다 쉽게 전달해주는 그림체가 돋보인다. 아이들에게 자신의 이름에 대해 다시 생각해보는 시간을 갖게 해줄 수 있다.

내 귀는 황금 귀
최정현 글·대성 그림, 꿈터, 2013

커다란 귀 때문에 친구들에게 놀림 받고 소심했던 작가의 어린 시절을 기억하며 쓴 그림책이다. 주인공 봄이는 양털 귀마개를 찾아 떠나지만, 양털 귀마개를 찾지는 못한다. 대신 다양한 친구들을 만나 자신감을 얻게 된다.

수박
허은순 글·이정현 그림, 은나팔, 2012

우연히 수박밭에서 아주 아주 커다란 수박을 발견해 어머니께 수박을 선물한 삼식이가 다시 수박을 선물받게 되는 이야기다. 서로에게 양보하며 돌고 도는 수박을 통해, 따뜻한 마음을 품고서 타인을 배려하고 나누는 기쁨과 그 마음의 소중함을 느낄 수 있다.

어멍 강옵서
박지훈 글·그림, 해솔, 2011

제주도의 생활과 문화를 바탕으로 엄마와 아이의 사랑을 그린 책이다. 바쁜 엄마 때문에 은정이는 심통이 나지만, 엄마의 모습이 자꾸 생각난다. 엄마에 대한 서운함보다는 엄마를 즐겁게 해드릴 수 있는 방법을 생각하는 순수한 아이의 마음을 느낄 수 있다.

감자이웃
김윤이 글·그림, 고래이야기, 2014

할아버지는 삭막해진 도시에서 텃밭을 가꾼다. 햇빛이 쨍쨍한 날 할아버지는 감자를 수확한다. 하지만 혼자 먹기에는 너무 많은 양이라서 주변 이웃들에게 감자를 나누어준다. 할아버지의 감자로 인해 이웃들이 서로 소통하고 관계를 맺는 이야기이다.

도토리 마을의 경찰관
나카야 미와 글·그림, 웅진주니어, 2013

'도토리 마을 시리즈' 중 한 권으로, 도토리 마을의 안전을 키지는 경찰 아저씨의 이야기이다. 아침 일찍 자전거를 타고 마을을 순찰한 후, 마을 사람들의 부탁을 들어주고 친절하게 행동하는 경찰 아저씨를 보고 꼬마 '이치'는 경찰관의 꿈을 꾸게 된다.

아빠 몰래 할머니 몰래
김인자 글·심수근 그림, 글로연, 2010

아빠의 차 안이 폐지들로 가득하다. 궁금한 것을 참지 못하는 딸은 아빠 몰래 차 안에 숨어 아빠를 따라간다. 알고 보니 아빠는 폐지를 줍는 할머니를 몰래 도와드리는 일을 하고 있었다. 아빠와 딸이 할머니를 도와드리는 따뜻한 이야기를 담고 있다.

공짜표 셋 주세요!
홍종의 글·국설희 그림, 파란자전거, 2013

60살이 넘어 노인우대를 받아 공짜로 지하철 표를 받을 수 있는 할아버지와 7살이 되지 않아 공짜로 표를 받을 수 있는 태림이가 함께 지하철 여행을 떠난다. 할아버지와 할아버지 친구 심퉁할아버지와 태림이의 공짜표 여행을 담은 이야기이다.

김수한무 거북이와 두루미 삼천갑자 동방삭
소중애 글·이승현 그림, 비룡소, 2013

환갑이 다 돼서야 아들 하나를 겨우 얻은 아버지는 오랫동안 건강하게 살기 바라는 마음으로 '김수한무거북이와두루미…'라는 긴 이름을 짓는다. 하지만 긴 이름 때문에 아들이 위험에 빠지게 된다. 부모님의 사랑이 담긴 이름에 대해 생각해볼 수 있는 이야기이다.

엄마 반 나도 반 추석 반보기
임정자 글·홍선주 그림, 웅진주니어, 2014

지금과 달리 옛날에는 남자와 여자와 결혼을 하면, 여자는 부모님을 뵙기 힘들었다. 순이엄마도 결혼을 하고 7년 동안 친정을 다녀오지 못했다. 여자가 친정부모님을 뵐 수 있는 방법은 양쪽 집의 중간지점에서 가족을 만나는 '반보기'를 통해 부모님을 만나는 것이었다.

가을 : 수와 계산
리잔 플랫 글·애슐리 바론 그림, 걸음동무, 2014

사계절 편이 나와 있는 시리즈의 가을 편이다. 이 책은 가을의 다양한 풍경을 통해 수의 개념을 익힐 수 있도록 했다. "나무에 있는 잎과 바닥에 떨어진 잎 중에 어떤 잎이 더 많을까?" "다람쥐가 각자 모은 도토리를 셀 수 있을까?" 등의 질문에 답하며 이야기하듯 즐길 수 있다.

높은 곳으로 달려!
사시다 가즈 글·이토 히데오 그림, 천개의바람, 2013

2011년 동일본 대지진이 발생했던 그날, 쓰나미를 피해 살아남은 초등학교, 중학교 아이들을 취재해 쓴 그림책이다. 급박한 상황에 대처하는 이들의 모습을 통해, 무서운 재앙이 닥쳤을 때는 스스로 목숨을 지키기 위해 노력해야 한다는 교훈을 준다.

세상에서 가장 맛있는 자장면
이철환 글·장호 그림, 주니어RHK, 2010

추운 겨울 저녁, 세 아이가 부모 없이 아이들끼리만 자장면 집으로 들어선다. 엄마 아빠랑 함께 온 아이들을 부러운 듯 물끄러미 바라보는 아이들을 보고, 주인아주머니는 엄마의 옛 친구라고 하며 음식을 더 내어준다. 행복한 아이들의 표정을 보며 가슴이 따듯해지는 이야기다.

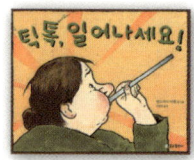

틱 톡, 일어나세요!
앤드리어 어렌 글·그림, 꿈교출판사, 2012

시계가 귀하던 시절, 사람들을 위해 딱총에 콩알을 집어넣고 불어 사람들을 깨워주는 일을 했던 메리 스미스 부인의 이야기이다. 어느 날 메리 스미스 부인의 딸은 일어나지 않고 잠을 다시 청한다. 과연 메리 스미스의 딸에겐 무슨 일이 생길까?

학교 가기 조마조마
어린이 통합교과 연구회 글, 홍미혜 그림, 상상의집, 2012

유치원을 졸업하고 처음 학교에 들어갈 때, 아이들은 처음 보는 선생님, 친구들 낯선 환경을 두려워한다. 이 책은 마음속의 두근거림을 상징하는 망아지, 조마조마와 함께 학교생활에 적응하게 되는 아이의 이야기를 담았다.

국립중앙도서관 출판예정도서목록(CIP)

```
그림책 읽어주는 시간 / 지은이: 권옥경. — 서울 : 북바이북, 2016
    p. ;   cm

권말부록: 연령별 추천 그림책 100권
ISBN 979-11-85400-30-3 03810 : ₩15000

그림책[─冊]
독서 지도[讀書指導]

029.8-KDC6
028.5-DDC23                    CIP2016010297
```

그림책 읽어주는 시간

2016년 5월 5일 1판 1쇄 발행
2018년 4월 27일 1판 3쇄 인쇄

지은이　권옥경
펴낸이　한기호
펴낸곳　북바이북
　　　　　출판등록 2009년 5월 12일 제313-2009-100호
　　　　　주소 121-839 서울시 마포구 서교동 484-1 삼성빌딩A동 2층
　　　　　전화 02-336-5675 팩스 02-337-5347
　　　　　이메일　kpm@kpm21.co.kr
　　　　　홈페이지 www.kpm21.co.kr

ISBN 979-11-85400-30-3 03810

북바이북은 한국출판마케팅연구소의 임프린트입니다.
책값은 뒤표지에 있습니다.